精准家教系列

孩子要上一年级

破解新生家长急需解决的31个难题

上册

赵石屏◎著

作家出版社

图书在版编目（CIP）数据

孩子要上一年级：破解新生家长急需解决的31个难题 / 赵石屏 著 -- 北京 ：作家出版社，2018. 9

ISBN 978-7-5063-9742-1

Ⅰ. ①孩… Ⅱ. ①赵… Ⅲ. ①小学生－家庭教育 Ⅳ. ①G782

中国版本图书馆CIP数据核字（2017）第258304号

孩子要上一年级：破解新生家长急需解决的31个难题

作　　者： 赵石屏

选题策划： 郑建华

责任编辑： 郑建华

装帧设计： 翟俊峰

原创插画： 翟俊峰

出版发行： 作家出版社

社　　址： 北京农展馆南里10号　　**邮　　编：** 100125

电话传真： 86-10-65930756（出版发行部）

86-10-65004079（总编室）

86-10-65015116（邮购部）

E-mail:zuojia@zuojia.net.cn

http://www.haozuojia.com（作家在线）

印　　刷： 中煤（北京）印务有限公司

成品尺寸： 145×210

字　　数： 303千

印　　张： 20.25

印　　数： 001-20000

版　　次： 2018年9月第1版

印　　次： 2018年9月第1次印刷

ISBN　978-7-5063-9742-1

定　　价： 118.00元（全三册）

孩子开始上学了，我们多希望他们在学校里自理能力强、乖巧懂事；可是，现实往往是这样的：

这些东西是你们谁丢的？
我的水壶呢？

是你的吧?
你的吧?
你衣服呢?
我不知道啊!

QIANYAN

前言

孩子要上一年级，你准备好了吗？

每年九月，六七岁的萌娃成了一年级新生，他们背上新书包，走进一年级教室，开始上学了！年轻的父母满怀着无限希望，又充满着紧张不安：我的孩子在学校会是什么表现啊？会不会在班里落后？会不会被老师批评？会不会被人欺负？中午能吃饱饭吗？……一位年轻妈妈说，开学前整整一个月她都失眠，总担心精心培养了六年的孩子，能不能如预期的那样表现优秀？要是孩子表现不好，岂不证明自己的教育很失败？

由于这样的担心、焦虑、紧张，孩子上学没多久，有的家长就完全失去耐心，觉得孩子表现很糟糕，于是朝孩子大吼大叫。就如一句话描述的：“不写作业母慈子孝，一写作业鸡飞狗跳！”一直都特别慈爱温和的好妈妈，怎么会因写作业对宝贝孩子这样狠心呢？一年级的作业都很简单，家长怎么会束手无策呢？孩子才刚刚上学，家长为什么就会这样情绪失控呢？这些都说明家长对孩子上学这件事情没有做好足够的准备。

现在一年级孩子多数是独生子女，年轻的父母大都第一次成为学生家长，很可能没有意识到孩子上学需要适应、要面对上学的很多困难，而家长自己更需要适应，需要面对孩子上学的很多困难。

有一位博士妈妈说："开始我心想一年级学的内容那么简单，但孩子上学不久，我已经深感困难重重。孩子老是写不好字，那样简单的数学题不会做，同样的题这次讲了下次又忘了，完全没有'小学霸'的影子。老师希望家长加强辅导，有时候我感觉都要崩溃了！"

不少家长努力在忙碌孩子的幼小衔接，却没有准备自己要面对的多重困难，所以总是抱怨学校的规矩多、抹杀孩子个性；总是觉得老师"不公正"、有歧视。老师对孩子不满意，家长和老师看法不一致，家长的焦虑、紧张，又让孩子茫然不知所措。

一年级孩子才六七岁，他们走进学校的时候，大部分对上学的具体要求并不清楚，他们可能满心思惦记的还是甜甜的点心，脑子里盘算的还是儿童乐园的玩耍，拥有的还是童话里自由自在的心情，坐在教室里，很多时候都在发呆。所以古时候刚上学的孩子叫"童蒙"，"蒙"就是懵懂幼稚，什么都还不懂，上学读书识字叫作"启蒙""发蒙"。

所以，幼小衔接，家长的准备更重要！那么家长怎么准备呢？

第一，一年级家长，首先要知道孩子上学后自己要面对的难题有哪些，怎样找到破解方法。

有位母亲说："生孩子后我几乎得了抑郁症，现在孩子上一年级了，面对一大堆让人崩溃的难题，我不是几乎、而是肯定得抑郁症了！"生养孩子本来就备历艰辛，孩子上一年级带来的难题，让不少家长陷于猝不及防的困境。这种困境大多与家长缺乏心理准备有关。概括起来讲，家长自己要做好的准备有以下几点。

①"小学生家长"与"小朋友家长"角色的职责、压力完全不同。

②孩子上学家长要失去更多的自由时间[①]。

③对学校的制度化、规则化、复杂化认识不足。

④与老师达成教育共识并非自然而然。

⑤要重新建立适应孩子上学的家庭生活秩序。

家长做好了这些认识方面的、心理方面的准备，才有足够的耐心和能力帮助孩子完成真正的幼小衔接。

第二，一年级家长的幼小衔接，还要了解一年级新生的学习特点是什么。

比如：一年级孩子必须要养成哪三个好的学习习惯？孩子

①张文质著：《教育是慢的艺术》，华东师范大学出版社2008。

入学准备不足怎么办？孩子写作业磨蹭怎么办？为什么适应比分数重要？为什么素质教育要从操场开始？学好语文、数学的步骤是什么？怎样教孩子把字写好？什么样的家庭环境适宜孩子读书学习？孩子要上一年级，家长要做好哪些心理准备？家长怎样和老师达成共识？

一年级孩子掌握的词汇量很少，理解力有限，所以有的话孩子并没有真正听明白。比如在一年级课堂上，孩子对老师的话经常是听了半句、丢了半句。老师说“写完的同学静息”，有孩子并没有写完也赶快静息，结果课堂作业没做完就交上去了。他们认真地把没做完的作业交上去，不是他们的缺点，而是这个年龄的特点，那样的萌态，真是太可爱了。家长不用批评，只须提醒他们、等待他们。这反倒提醒家长们要把话说得明白具体了，孩子才能真正听明白。

第三，一年级家长的幼小衔接，要充分了解孩子面临的困难。

中小学几个阶段之间都存在重要的衔接，“幼小衔接”“小初衔接”“初高衔接”以及高中－大学的衔接，这几个衔接都有难度，但难度最大的是幼小衔接。这个难度并非学习内容的难度，而是孩子适应的难度：孩子上学后的中心任务、学习方式、作息时间、班级规范、老师要求、家长态度……都与上学前截然不同、跨度很大，短时间内能够适应的孩子只是极少数，懵懂的孩子都面临多个困难，需要家长的温暖支持、无条件的鼓励。

在孩子达不到要求、写不好作业的时候，家长要做到温和的、鼓励的态度并不容易。那么，家长怎样看待孩子的曲折反复，如何耐心去等待孩子慢慢地成长呢？其实很简单，家长如果了解孩子面临的困难，你是不会把所谓的压力转嫁到他们身上去的，你会心疼他们，会尽全力去支持、帮助他们的。

更重要的是，六七岁孩子稚嫩的心智，经不起超负荷用脑，他们每次只能专注用脑十五分钟左右，超时、超量的消耗，会摧毁他们的心智；他们稚嫩的心智也经不起多大的压力，家长一两次发火、吼叫、厌烦，就足以让孩子害怕作业、恐惧学习、逃避家长！他们只有六七岁，他们无法应对他们做不到的要求，而现在这类要求太多了！

一年级家长的幼小衔接，要找到破解难题方法。教育是一个“慢活”，孩子从一年级开始，至少有九年、十二年的学习过程，与这个慢成长过程相适应的是孩子的“慢学习”，家长的慢教育，任何急于求成、急功近利的教育都不会成功。

家长只有具备有了慢教育的能力，才能破解这些难题。“慢教育”的能力，就是家长能够从容应对孩子上学带来的压力、冲突，能够克服急功近利、保护孩子“慢慢学习”“慢慢成长”的过程。比如，一年级孩子的学习刚刚起步，那么家长要懂得起步就做起步的事情。在起步阶段，“学习习惯比分数重要”“学习兴趣比分数重要”“学习方法比分数重要”，这几点做好了，孩子的学习能力就能逐渐生长起来。

一年级家长对幼小衔接的准备，还要做到心中有数，不去和“别人家的孩子”盲目攀比。有个男孩一年级就参加了足球队，每天放学就去球队训练，而其他很多孩子放学就去了补习班，把第二天要上的课先预习了，所以那些孩子完成作业总是又快又对，男孩的学习就不如他们。而男孩的家长很坚定，认为用成倍的时间换来的好成绩绝不可持续，充分的运动才是学习好的可靠保证。

“慢教育”就是用不着急的、温和的、始终鼓励的方式教育。科学研究证明，人的大脑前额叶是身体发育最晚的部分，一直到三十岁左右才会发育完成。这个前额叶的功能是什么呢？它负责我们人类的综合、判断、决策。可见人的心智真正成熟，要到三十岁左右，那个时候，本科毕业已经七年，硕士毕业四年，博士毕业两年，也就是说，孩子即便博士毕业的时候，心智也未必完全成熟，判断与决策还待磨炼。一年级的家长，有什么理由不慢教育呢？

孩子的幼小衔接，也是家长的幼小衔接。中国有句古话说：“至乐莫如读书，至要莫如教子。”面对孩子的学之初，家长要有足够的心理准备，多学一些家教知识，读懂孩子的特点，提升自己的教育能力，尽可能避免教育失误，让孩子在学之初获得良好的起步。

孩子要上一年级，家长们，你们准备好了吗？

目录
CONTENTS

适应比分数重要

刚上学的一年级孩子是什么状况呢？有的孩子弄不清铃声是上课还是下课，问老师，听说是上课铃，连忙跑出教室要去厕所，并没有按时上课的观念，让老师又好笑又好气；有的孩子开学几天就把课本弄丢了，也说不清楚丢到哪里去了；一个一年级班主任抱着一堆衣服在班里说，这些衣服是你们谁丢的，自己来拿，可是孩子们根本不认得哪一件衣服自己的。这样懵懂的孩子，怎么可能适应上学呢？

孩子才六七岁，懵懂幼稚，每天要早起、按时上学，要记住老师布置的事情，要学会与同学共处，要学语文、数学、英语……没多久，有的孩子就害怕上学了，哭着说“上学是这个样子呀？我不喜欢上学”，拒绝写作业，非常焦虑。这种不适应如果不消除，可能持续很长时间，就像我们成人曾到过一个让自己很不愉快的地方、遇到让自己害怕的事情，就再也不想去那里一样。

一次我在一年级教室听课，坐在教室的最后面。课间我问旁边一个孩子:“你上学害怕吗？”那时他刚上一年级不久。他说有点怕，我说你怕什么？他指着前面说：“这么多人我不知道他们会不会打我，会不会拿走我的东西。”我说不会的，小朋友都很友爱，要有小朋友拿走了你的东西。你就告诉老师，老师会叫他还给你的。

这个孩子没有上过幼儿园，他是跟着父母打工到这个城市的，第一次坐在教室里有很多担心。所以，对他来讲，他首先要解决的问题不是怎么写好字，而是怎么能放心地在教室里听课、写字。这就是适应问题。

不同的情况，孩子需要适应的方面不同。有的孩子要适应和家人分开，有的孩子要适应学校那么多规矩、不能想怎样就怎样，有的孩子要适应必须写作业，有的孩子要适应没别人跑得快……

真的好多困难，阻挡着孩子顺利完成“幼小衔接”。那么怎么让孩子顺利跨过幼小衔接这道坎呢？有以下三点家长一定要做到：一是预防入学焦虑，要从学前开始；二是在上学之初，需要有一个“半学习”的过程，促进孩子适应上学；三是家长要具有慢教育的观念。

一 预防入学焦虑症

一位小学班主任说到一个入学适应困难的孩子，是她班里一个帅气男孩，很有绘画天分，妈妈备加宠爱。但上学后男孩子出现了典型的分离焦虑，每天上学离开妈妈就大哭，下课就要给妈妈打电话，听到妈妈的声音才能安静下来，不喜欢上学，不喜欢写字，拒绝写作业，也不和同学一起玩耍，每天孤零零地待在座位上，就盼着放学妈妈来接他。然后第二天从早晨上学又大哭一场，开始痛苦地熬到下午放学。

开始妈妈百般安慰他，但后来因为孩子考试拒绝做试卷，这位妈妈逐渐失去耐心，导致坏情绪激烈爆发，对孩子使用了语言暴力，并警告孩子不写作业就不准画画，亲子关系恶化。这位妈妈自己的焦虑也日益严重，且拒绝与老师沟通。到中年

级，孩子的学习不好，绘画早已废弃，妈妈也面临家庭关系的恶化。这位班主任非常痛惜。

虽然这个案例的背后可能有更深层的原因，但我们从中可以看到一年级孩子能否适应上学不是小事情。单单一个分离焦虑，孩子适应起来就如此困难，何况还有学习的困难，与同学共处的困难，达不到老师要求的困难，睡眠不够、营养不足的困难……所以，上学之初一定要先适应，然后才谈得上提高，适应远比分数重要。

分离焦虑是一年级孩子容易出现的适应困难，表现出来的程度不一。强烈的不安全感、情绪失控让孩子完全无法适应上学。预防分离焦虑也是儿童入学准备的一个方面。

一般的入学焦虑，在老师和家长温暖的鼓励中，会逐渐消失，孩子会愉快地融入班级，和全班同学一起步入学习的正轨。比如一个优秀班主任说：“孩子不想上学，哭得很伤心，有时其实就是陌生感，这种情况很好解决的，我对孩子说：‘来，老师抱，老师喜欢你。’‘我们去教室好不好？”往往就这一句话，孩子就再也不哭了，不焦虑了，因为他在老师这里找到安全和熟悉的感觉，像在家里一样，有人喜欢他。”

预防孩子的入学焦虑，最好从学前开始家长要有意识地培养孩子适应小学的一些基本意识和能力，不要把孩子宠到上学的时候，幼稚的心理还等于襁褓中的婴儿，导致孩子一刻也不能离开母亲，完全不能适应上学的要求。

那么上过幼儿园的孩子是不是不存在分离焦虑呢？这个不一定。有的幼儿园很注重消除幼儿的分离焦虑，促进幼儿适应分离。而有的幼儿园并不重视这一点，孩子上幼儿园很迟，然后中午就被家长接回家去了；我还见到家长就待在幼儿园陪着孩子的，这就大大加重了孩子上学的不适应；还有家长提出来要到孩子教室外面去陪着，让孩子能够安心上课。这几类家长就是没有懂得入学前预防分离焦虑的重要性。

二 入学适应从学前开始培养

有位家长从孩子四五岁就开始要求孩子自己洗头洗澡；上大班时本不需要书包，但家长给她一个漂亮的小书包，教她每天装上自己要和小朋友分享的小玩具，或者要和小朋友交换着看的小人书；还让她学讲故事，要大声讲，要讲清楚，说以后上学了，要和同学们一起讲故事、听故事。总之家长的目的是让孩子学会自己料理文具，学着和同学分享、好好相处；同时，这也培养了孩子在课堂上清楚说话的能力。

这个女孩子初步具备这些能力，上学后很顺利地适应了学校，即使遇到比较大的困难，也不害怕，会努力照着老师的要求

去做。二年级以后，她一直超前学习：小学高年级时已经在自学初中的课程；高中时，已自学大学的课程。后来，她考入第一流的大学，不断进取，获得了双博士学位。

虽然这是一个孩子的个案，但家长要从中读到一个信息，那就是要启动孩子尽快适应、独立面对上学的任务。从时间上讲，这个任务最好从四五岁开始，逐步慢慢培养，待孩子上学后，他适应起来就不会困难重重。

三 用“半学习”促进孩子适应

六七岁孩子的神经系统还带有幼儿特点，容易疲劳，学习时间一旦超过他们大脑的负荷，他们就很难适应。所以上学之初，一年级孩子需要一段“半游戏－半学习”的时间，这样才能让孩子顺利渡过幼小衔接的阶段，适应学校的上课、下课、作业、考试、开学、放假等一系列学习环节、作息规定。孩子能够达到学校的作息要求，能记住老师讲的课、布置的事情，能够自己安排好学习，不会因为玩耍忘了写作业，就基本上适应学校的要求了。

那么怎么保证孩子的“半游戏－半学习”呢？

学校的教学安排也充分考虑了孩子的年龄特点。按教育部课程计划的安排，小学一年级每周二十六节课：数学四节，语文五节，阅读、书法各一节，共十一节，其他每天都有的音、体、美等课程都带有半游戏性质；同时，还规定了一年级不布置家庭书面作业，其目的就是保证孩子“半学习”的状态。

现在小学的放学时间是下午三点，放学之后，家长一定要保证孩子充分的玩耍、游戏、户外活动、体育锻炼，一定不能继续让孩子坐在书桌前写字算数背英语。有的家长不懂得这个“半学习”过程的重要性，总觉得

放学没写作业就浪费了时间，于是就自己布置作业，要知道，孩子上一天学，脑力消耗很大，很疲惫，必须要放松心情、充分活动才能消除疲惫、恢复脑力，这样才能保持对上学的兴趣。

如果要求孩子“全身心投入读书”，剥夺了孩子的户外活动，每天的疲惫就会可怕地积累起来，孩子是根本承受不了多久的。孩子会觉得上学太累了，会害怕上学，一旦孩子不喜欢上学了，也就更难适应学校。所以家长一定要懂得“半学习”的重要性，这是一个必须的、科学的过程。

也有家长担心孩子“半学习”导致跟不上老师的进度。一年级孩子跟不上进度，主要是入学准备不足等原因造成的，而不是“半学习”耽误了时间。即使入学准备充分的孩子，也需要“半游戏－半学习”的过程，他们发育还很脆弱的大脑神经系统，胜任不了长时间的用脑。

这个“半学习”过程需要一至两年时间，只有少数孩子能很快适应学校，和女孩子比较而言，男孩子需要的时间长些，多数男孩能在二年级之内完成这个过程，都是不错的。家长要有这个心理准备，要耐心引导孩子的适应过程。如果家长急于求成，孩子可能到中学还不适应学校，人在教室，满心思盘算的还是玩耍，非得家长“押着”才勉强写作业，甚至

手机被家长禁止后，二十分钟课间操时间还冲刺般跑到网吧玩一通游戏再跑回教室上课。这些说明什么？说明直到初中孩子都没有适应学校的要求。

四 要有“慢教育”的观点

教育是一个“慢活”“细活”，是积累点滴、逐渐生成的过程。这个过程有如万米长跑，从一年级开始，经过六年小学毕业，再经过六年中学毕业，与又长又慢的过程相符的学习特点，是慢学习、慢教育。慢教育的理念就是用不着急的、包容的、温和的态度，始终鼓励孩子“不着急”“努力去做”。

在孩子达不到要求、写不好作业的时候，要做到温和的、鼓励的态度并不容易，那么家长怎样才能做到耐心包容孩子的曲折反复，如何有耐心去等待孩子慢慢成长呢？其实很简单，家长如果了解孩子面临的困难、他们的难处，是不会把所谓的压力转嫁到他们身上去的，你会心疼他们，会尽全力去支持、帮助他们的。

孩子在还不适应上学、不知所措的时候，那种无助、恐慌害怕甚至绝望的样子，是最让人心疼的。他们才六七岁，要面对几十个人的环境，各门功课的任务，老师提的那么多要求……最关键的是，他们还不清楚怎么做才合要求。即使家长一顿发火、指责、惩罚，他们也没有任何能力来改变这一切，我们想想他们何等无助，何等焦虑。感觉多么糟糕！

这个时候我们家长哪怕就是一句“没关系”“不着急”“我们再认真写，就写好了”，那么孩子至少不会陷入恐惧，至少知道“认真”是他能做到的。一点儿不夸张地说，这几句温暖的话，是孩子绝处逢生的“一条活路”。我这样说，是再三希望家长们要懂孩子的困难，不要被“别人家的孩子”蒙蔽了你的教育智慧。我也知道好多家长其实很心疼孩子，但在孩子遇到困难的时候，家长又控制不了坏脾气，骂了孩子，转过身去自己抹眼泪，又心疼又后悔。

“慢教育”的能力，就是能够从容应对压力、克服急功近利，保护孩子“慢慢学习”，每天都认真去做一件件具体的小事：坚持一个好的生活习惯、认真听课、认真写字、做手工……这样慢慢地成长起来。

慢慢学习，不是降低效率，是尊重成长规律；慢慢学习不是磨磨蹭蹭，而是学习只能是慢慢来，要有适应过程。[1]慢学习才是一种正常状态，才能学到有用的东西。家长具备了慢学习的观念，才会真正懂得适应远比分数重要，才会成为孩子慢学习的保护神。

---

①张文质著：《教育是慢的艺术》，华东师大出版社 2008。

喜欢上学，才能学好

一个小学老师说，在新生开学时，她班里的一个孩子死死抱着学校大门的铁门，大哭着怎么也不肯进学校去，无论家长怎么哄、老师怎么劝都不行。最后老师答应，妈妈也到教室里去陪着她，孩子才进学校去了。还有的孩子虽然进了学校、进了教室，可是没几天就跑回幼儿园去了，说上学不好，我不上学了。

让孩子喜欢上学并不是一件容易的事情。因为学校的规则很严格，孩子早上没有睡醒也必须起床，上课要坐那么久，还要写作业，做错了题受批评，写不好爸爸妈妈不高兴。有的孩子只经过一次考试就害怕学习，不喜欢上学了。

一个一年级孩子因为跟不上进度，写字写得不好，经常惹家长发火，孩子沮丧地说："怎么读书是这个样子啊？还要读中学、大学，怎么办啊？"喜欢、好奇心都是一种天生自带的成长力，喜欢上学本身就自带了学习动力，所以孩子喜欢上学，才能学好。

按道理说孩子为什么会不喜欢上学呢？自古以来都不是这样的。"我要读书""我要上学"是多少代儿童的殷切期望。可是现在好像不是这样了，不少孩子真不喜欢上学，害怕上学，这又是为什么呢？

一 一年级孩子的学习动力是什么

在这个年龄阶段，什么可以推动孩子高高兴兴地去学习呢？人的学习动力有三种：一种是对知识本身有兴趣，渴求知识，于是很努力地去学习；一种是为了学习成绩、社会成功而学习；还有一种就是因为学习好，而得到的老师家长的表扬、同学的赞美，因为学习进步得到的奖励等，这些是一年级孩子主要的学习动力。

有家长说“你不好好读书，以后找不到工作”，这种社会动力对一年级孩子没有作用；或者说“你不好好读书，将来怎么能为国家做贡献”？这种胸怀天下的志向，对一年级孩子同样没有作用。因为六七岁的孩子不可能为宏大的社会目标去学习，也还不能为自己的人生目标而学习，他们还不可能理解社会价值层面的概念，更不具有选择社会价值的能力。一个孩子对家长说“我以后要读哈佛大学”，家长说那你要好好努力，孩子说我知道，家长心里要清楚那也只是这样说话而已。读哈佛大学的人生价值、社会价值对六七岁孩子来说，那只是一个简单的概念，并不能成为真正的、实际的学习推动力。

那么什么动力才能让他们喜欢上学呢？老师的表扬、同学的称赞、家长的奖励，有趣生动的语文课、数学课，喜欢音乐唱歌，喜欢和小伙伴在一起……都是孩子喜欢上学的推动力。喜欢上学的孩子天生自带学习动力，孩子喜欢上学才能学好。那么家长怎样做才能让孩子喜欢上学、喜欢读书呢？

二 怎样让孩子喜欢上学

（一）多鼓励，孩子才喜欢学习

一次我去一个小店买水果，年轻的女店主忙碌着，她六七岁的女儿在旁边写作业。我对女孩说："上小学了？都能够认得字了！喜欢上学吗？"女孩垂下眼帘，盯着课本一言不发。她母亲有点不好意思地说："她成绩不好，笨得很。"我赶紧说："刚上学哪里看得出成绩好不好？只是这次没考好而已。"又对女孩说："你要跟着老师讲的课，没听懂就要问老师，下次就能考好了呢！"当时刚立冬，女孩上学才两个多月，她用沉默回答了我她不喜欢上学。

我赶紧告诉女孩的妈妈以后不要这样说，要多鼓励她，如果孩子考得不好，也应该说“这次没考好，下次努力就好了”“不懂多问老师”，而不要打击说她“成绩不好”，妈妈连连感谢我。之后我再去水果店就要顺便问问孩子的情况。到四年级时，女孩个子也长高了，我问她：“现在在班里怎样？”她满是自信笑着，有些羞涩地说“可以”，“现在喜欢上学吗？”她开心地笑着回答我“很喜欢”。因为上学让她自信、开心，就喜欢上学，喜欢就是最好的学习动力，喜欢上学才能学好。喜欢上学的孩子天生自带成长力的。

此外，一年级孩子不喜欢上学的原因很具体，不喜欢某个老师、不喜欢邻座的同学、不喜欢算数、不喜欢上课回答问题，都可能泛化为不喜欢学习。家长要了解具体情况，弄清原因，根据不同的情况想办法解决问题。

（二）恰当使用小奖励

推动小学一年级的孩子努力用功，不能完全依靠他们的自觉努力，恰当的奖励非常必要①，一位小学一年级班主任告诉我，全班表现好了她就要奖励，她买了铅笔一类的小文具，也买了糖果，问孩子们“要铅笔的举手”，却没有孩子举手，全班的孩子都想要糖果！想想全班小手高举要糖果的情景，孩子们真是可爱得很！

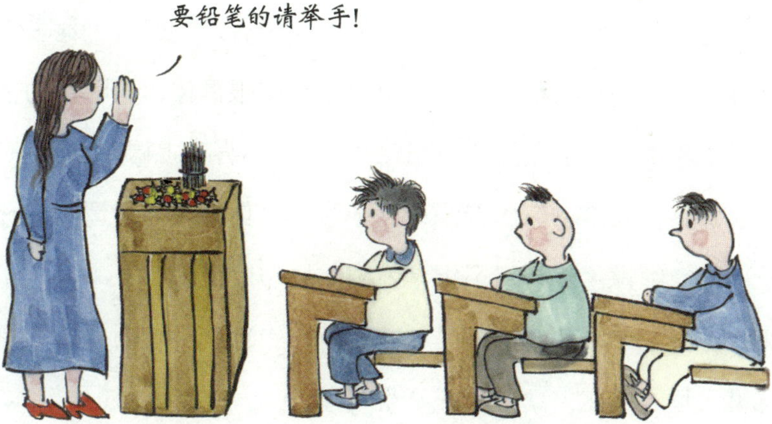

①施良方著：《学习论》，人民教育出版社 2001，第 260 页。

有个一年级的男孩很淘气，不喜欢坐着，妈妈就送他去学钢琴。出乎家长的意料，这个男孩子很能坐得住，老师讲的也记得很清楚，没多久就能弹出简单的曲子，还在钢琴学校汇演活动中上台表演。家长奇怪，问他怎么这么喜欢弹钢琴？男孩子说，老师说了，弹好了钢琴就要奖励电动陀螺，原来，孩子喜欢电动陀螺，那个亮晶晶的陀螺就放在钢琴学校大厅里的橱窗里，每天都在推动孩子好好学钢琴。

可见，调动六七岁儿童的内在动力，恰当的小奖励是必要的。随着孩子的年龄递增，类似奖励的效果会递减。随着孩子的成长，要重点培养他们的精神需求、成长感、获得感、尊严感。况且，到了高年级，学习难度加大，如果这时候孩子的学习能力跟不上，物质奖励也无济于事。

一个家长一直用物质奖励去促进孩子考出好成绩，到五年级的时候，他还用这种办法，终于没了效果。原来，期末考试前家长说："还是老规矩，考 100 分就给 100 元钱，少 1 分扣掉 10 元。"孩子说："我现在考 90 分都难，你们不用给钱了，我不要了。"家长一下子就感觉自己没办法了，很无力，也很无助。

（三）培养孩子稳定持久的学习动力

心理学研究证明："自我发起的学习是最持久、最深刻的"。[①]因此，孩子最稳定的学习动力是对知识的好奇心，渴望知识，对知识本身的兴趣，如对语文、数学、美术、历史、体育的兴趣，他们就会兴致勃勃地去学，因为喜欢，就不会讲条件。一年级孩子还不可能对知识本身有强烈的渴望，也不一定就喜欢写作业，但是家长可以培养孩子喜欢看书，喜欢趣味数学、百科知识，喜欢模型制作。唤起孩子对知识的兴趣，孩子乐于学习就能不断推动孩子，最终形成"自我发起学习"的

①施良方著：《学习论》，人民教育出版社 2001，第 410 页。

动力。这样既符合孩子的年龄特点，也为长久的持续动力打下基础。

学习兴趣是培养出来的，对学习的兴趣也是由学习引起的。有位家长在孩子读幼儿园时就特别注意把孩子的好奇心引向看书：看图画书、连环画、有声读物等，定期在周末带孩子到新华书店浏览，教孩子学着选书。因此，孩子对书产生了极大兴趣。上学以后，孩子借助拼音读了好多绘本，到高中毕业时已经读了满满的四五个书架的书籍。

数学方面也是从孩子四五岁时开始教他心算，比如心算“鸡兔同笼”[1]、分切月饼时就给孩子讲“三分之一”，孩子若不

① 鸡兔同笼是趣味数学的一种，题目如：一个笼子里有100只脚，49个头，问这个笼子里有多少只鸡、多少只兔子？

会算也没关系，重在唤起兴趣。孩子越来越喜欢动脑子，算起题来两眼发亮，聚精会神的样子非常可爱。喜欢学习才能学好，喜欢学习的孩子自带成长动力，孩子之后的学习也会一直很优秀。

随着孩子年龄增长，要告诉孩子，学习不是玩耍，不能只凭兴趣，会有自己不喜欢的功课，有困难，有时会感到枯燥，需要毅力、耐心，做到喜欢的功课要学好，不喜欢的功课也要学好，才是真正的学习好。

三 一年级孩子不可能为父母的面子喜欢学习

一位家长在教委工作，儿子很调皮，自控力差，他的老师很不满意，这位家长很苦恼，担心到学校检查工作，老师会有“自己的孩子都管不好，还来指导工作”一类的看法。因此，他埋怨孩子说：“你叫我的脸往哪儿搁？”

一年级孩子能为了父母的面子而努力学习吗？家长千万记

住这是不可能的。他们只有六七岁，他们只能从自己的角度思考问题，六七岁的孩子怎么可能去给父母挣面子？这对孩子不公平，孩子也做不到。

一年级的家长因为容易紧张，经常做比较，要克服自己的虚荣心，不能攀比，不然孩子会吃很大的亏。一年级孩子的学习动力主要来自喜欢学习，并不来自为了父母的光彩，懂得扬名显亲，那是在孩子长大以后才具备的孝道。

你这次已经进步了，
妈妈为你高兴。
我儿子这次考了第一名！

孩子有进步，家长应为孩子高兴，而不是因自己光彩而高兴；孩子退步了，家长首先应该想到孩子可能遇到了困难，不要先想到丢了自己的面子，这样才是好家长。

人多少都有一点虚荣心，有了孩子，家长自然都盼望孩子名列前茅，孩子若能成才，家长的欣慰和骄傲，更是无可比拟的。养育儿女实在太艰辛了，含辛茹苦，半世操劳，所以古人说最大的孝道是“扬名声，显父母”[①]。就像衣锦还乡的故事，讲的就是如果事业成功了，就要回到故乡让乡亲们知道，给父母脸上增光。让父母为自己感到骄傲和高兴，是很多做儿女的奋斗动力。但那是孩子长大以后才有的心愿和能力，一年级孩子还达不到。

① 《孝经》：“立身行道，扬名于后世，以显父母，孝之终矣。”

孩子入学准备不足怎么办

入学准备不足是一年级孩子比较常见的问题。缺乏自理能力的孩子，中午在学校吃饭，可能吃不饱；言语表达不足的孩子，给老师说不清楚自己的想法、需要老师帮助什么；动作不利索的孩子，不会穿鞋、脱鞋，结果下雨鞋子打湿了，自己也不会脱，也不敢告诉老师，回到家里，家长发现孩子脚板被水泡得脱皮了，十分心疼……仔细想想，原因还在家长，凡事大包大揽，孩子在幼儿园有老师喂饭、穿脱衣鞋，到小学就不行了。因为上小学的最低门槛，是孩子能够自理，这是最基本的入学准备。

一年级老师在上课时，经常要把跟不上老师进度的孩子的座位安排在讲台旁边，听写字词的时候，就要站在他们桌前单独指点，给全班念一句，然后单独给这个孩子重复一句，还指着试卷告诉孩子念的哪一道题、在哪里下笔写，孩子才能跟上进度。一个班里总有几个孩子是入学准备不足的。

起跑线上没有输赢，起跑线上的差异却是存在的，“幼小衔接”的跨度本来就大，如果孩子入学准备不足，学习的困难会加大。虽然学校也要促进“幼小”顺利衔接，但一个班几十个孩子，老师要顾及每一个。做好入学准备，上学后适应就比较顺利。避免孩子一步慢、步步慢，好几年都补不过来，损失还是蛮大的。

如果孩子入学准备不足，上学以后进行弥补是上策，也是必需，关键是家长要有这个意识。那么什么叫“入学准备不足”呢？入学准备是孩子在上学前要具备一些基本能力，上学后能跟上学校的基本要求，如果孩子上学时还没有准备好，就是入学准备不足。

入学准备不是提前识字算数，而是要准备好上学的基本能力。比如：生活作息，能不能按时起床、按时睡觉；比如：动作，能不能自己收拾文具，自己开关装

水的瓶盖，体育课自己穿衣、穿鞋等。如果入学准备不足，孩子就跟不上全班的进度。

入学准备主要有几个方面：认知、言语的准备，动作准备，情绪管理和同伴交往的准备。如果某一方面准备不足，就会在这个方面跟不上。那么孩子入学准备不足怎么办呢？

一 动作、自理方面的准备

动作、自理准备指孩子能自己做到学校的要求，能够生活自理、学习自理。动作不足

的孩子，学前没有养成作息的好习惯，上学后就不能按照上学的时间表行动，起床、洗漱、早餐、作业等动作节奏根本达不到上学的要求，处处被动，一入学就落下一大截。

到了教室，自理差的孩子收拾书包、系鞋带、脱穿衣服都很笨拙，动作慢，跟不上班级大多数同学。课堂上书写速度慢，跟不上老师进度，家庭作业也写得慢，作业时间拖得很长。

儿童的动作训练原本应该三岁前就开始，学前没有重视，那么上学以后就必须要进行训练，弥补孩子的动作准备不足，从简单到复杂，教孩子动手做自己的事情，自己的事情自己料理。孩子在动手的过程中，神经系统、肌肉骨骼的协调性、灵敏性、力量性、条理性才能得到训练，这种训练是学识字、算数无法替代的。家长一定要坚持让孩子自理，不要替代，穿衣服、系鞋带、收拾书包文具，都坚持让孩子自己完成。开始动作会很慢，看着让人着急，但只要坚持，孩子的动作就越来越利索。

书写的动作方面，可以补充一些用笔训练，想办法让孩子喜欢用笔，画画，涂色、看图照着画、听指令画图，只要是用笔，都可以训练孩子手腕、手指动作，促进手的小肌肉群的协调性，增强手腕、手指对笔的控制力。

二 认知、语言方面的准备

认知方面的准备主要谈谈知觉细化能力的准备，因为这个问题在一年级比较突出，表现为孩子粗心，实际上是知觉细化训练不够。什么是知觉细化呢？在一年级阶段就是分辨图画、字词的细微差别的能力，比如要找出两幅图有哪些不同，如果有很明显的不同，差别很大，孩子分辨起来不困难，但如果两幅图非常相像，只有很细微的差别，孩子分辨不出来，就是知觉细化不够。

在字词方面，比如“千”与“干”、“玉”与“王”，笔画很相像，或者多一点、少一笔，孩子不容易分清楚，也记不住差别在哪里，经常混淆弄错；在数字方面，“12”看成“21”，或者“41”看成“14”，写作业、考试经常看错、写错，这些都与知觉细化训练不够有关。

知觉细化的训练并不难，增进孩子的分辨能力，在孩子看书、看画的时候随时可以进行，家长可以用两幅只有细微差别的图画，让孩子“找找有哪些不同”，去发现各种细节上的差异，学会仔细观察、比较，这样来提高知觉细化能力。

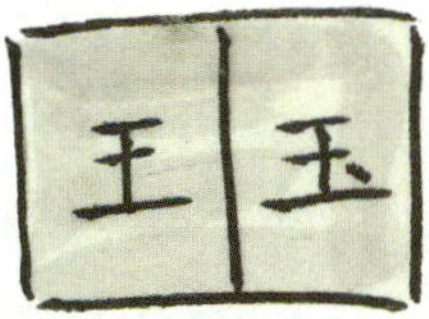

孩子上学后，家长针对容易混淆的字，启发孩子辨别差异，突出差异，记住差异，例如形近字“土”与“士”、字母“q”

和“p”的不同在哪里，有位妈妈从网上查到可以用手势来教孩子区别记住“bpdq”：“大拇指向上，左手 b 来右手 d；大拇指向下，左手 p 来右手 q。”这样有助于孩子提高细化能力、记住字母的区别。

三 情绪、同伴交往方面的准备

情绪管理、同伴交往方面的准备，都属于社会性准备，社会性是将来立足社会、与人共处的基本品质。情绪准备不足的孩子，好哭、好怒，一句话不对就发脾气，出手打人，不懂学校的要求，不能控制自己的情绪，比如在课堂上大哭不止，或开心笑个不停。

学校老师反映，开朗、阳光的孩子，更容易得到同伴的欢迎和接纳，经常发脾气、好哭的孩子，不容易和同学玩到一起，欺负同学的孩子，最不受欢迎，大家都会讨厌他。

同伴交往方面的准备不足，主要表现为不适应班级学习、不知道怎么和同伴交往，有的孩子胆小，不敢和同学说话，遇到事就哭；有的孩子攻击性强，不合意就打人，同伴都不喜欢他，很孤立；也有孩子不会分享、或者不会拒绝，一个孩子的铅笔老被同桌孩子拿去写字，孩子只知道哭，家长和老师联系，希望老师教孩子学会拒绝。这些都是同伴交往方面适应性培养，家长不能只管孩子在学前能识多少字，忽视了更重要的品质。

四　读了学前班入学准备就充分吗

有的家长认为读了学前班，入学准备自然就很充分了，其实还不一定。现在有的学前班只是把小学一年级的课提前来教，学了一些识字算数，动作训练、知觉细化、情绪管理、同伴交往方面的准备都缺少培养和训练。这样入学准备就严重不平衡，单一的书本知识准备充分，忽视情绪和同伴交往方面，缺乏适应班级学习的准备，孩子懒得参加活动，拒绝同伴交往，孤僻、胆怯、爱哭、退缩，遇到同学矛盾只会任性、发脾气，严重影响孩子适应学校、适应班级，最终成为孤僻的、不受欢迎的孩子，这个损失就太大了。

提前识字、计算，在认知方面做了入学准备，孩子上学后学习困难会少一些，但也带来一些问题。在某次一年级放寒假的家长会上，我提问家长："全班有一半多的孩子都是满分，你们要做好的心理准备是什么？"

我的这个提问有两层意思，一是提醒家长满分之后的下一次考试，可能就是"成绩下降"，因为99分也是"成绩下降了"，家长如果希望"只进不退"，孩子就很难做到。第二层意思是，考试内容是学前班提前学过了，所以有满分，不久开始新的内容，孩子的成绩会下降，家长要有心理准备。

五 发挥家庭优势，优化入学准备

不同的家庭对孩子入学准备的影响各不相同。有专家指出："学习问题始终与孩子的生活空间、精神环境、学习驱动力、自我约束力有关"[①]"对孩子学业成绩产生最重要影响的，是他们各自的家庭环境"[②]。书架上满满的书、家长的专业学问、家长喜不喜欢阅读、乐观开朗的家长还是抱怨争吵的家长、家长如何待人处事、家庭成员共同关心谈论的话题、父母对孩子学习的期待等，都能影响孩子的入学准备。

文化程度高的家长，对孩子认知准备具有优势，他们更清楚知识学历的价值和作用，家庭环境也更富学习气氛，孩子的认知准备会更充分。因此，一般家长文化程度高的，孩子上学

①施良方著：《学习论》，人民教育出版社 2001，第 160 页。

②黄甫全主编：《小学教育学（第 2 版）》，高等教育出版社 2011，第 67 页。

后适应学习较快，困难较少。但这只是认知方面的准备，不等于同伴交往、情绪管理方面就有准备。

我看到过这种情况：一个男孩子上学时在学校大门口看见同班男生 A，高兴得大声喊着他的名字朝他跑过去，可是那个男孩A赶紧拉住妈妈的手，转过脸去，他妈妈也无动无衷。后来，我问男孩子：那是你同学吗？怎么不理你呢？男孩子说：是同班的呀，座位在我前面，他就是不爱和我们说话。后来，我了解到，这个男孩 A 的妈妈是海归博士，很重视孩子的英语对话练习，但忽视了孩子的同伴交往。

文化程度不高的家长，培养孩子良好的认知准备，同样可以做得很好。比如做买卖的家长，孩子快上学了，就最好别让孩子跟着在市场里疯玩，可以把孩子送去学前班，想办法多让孩子接触到绘本、益智游戏等。我认识的一位卖服装的个体商妈妈，她只有初中文化，但经常用生意中的数学去教儿子算数。儿子五岁时就能帮幼儿园的老师算账，计算豆浆、午餐的账目，而且都是心算。老师们的夸奖更强化了他的学习兴趣，上学后成绩一直很好，后来考上重点中学、重点大学。

在做法上，入学准备的训练不需要家长讲多少道理，只需要具体去做，孩子能做到就达到训练目的了。比如让孩子找出两幅图的差异，家长就不要去讲道理说“现在做这个练习，是为了读书有用，让你能够区别两个字哪一点不同”等等，那就画蛇添足了。

希望家长们记住，家庭教育大多数时候都不需要讲道理，六七岁的小孩子更经不起讲很多道理，上学后孩子主要不是到学校去讲道理，而是到学校里能做到。

这样与人相处，才能适应学校

有个一年级男孩在做课间操时，后面的同学踢腿踢到他，他就认为这个同学是故意的。第二天他就站到后面去，踢腿时故意去踢这个同学，事后还理直气壮地说“是他先踢我！”这个男生的妈妈知道后，告诉他说：“什么事情都要先弄清情况，不能想当然认为别人是故意，你想想自己也可能踢到过别人。”

男孩子想起做操的时候，同学之间经常要碰到手、踢到人，就去给那位同学道歉，说我故意踢你，对不起。那个同学也

说自己虽不是故意的，但踢到同学了应该道歉，是自己不好，两个孩子和好如初。这位妈妈在孩子与同学的矛盾冲突中，教孩子懂得了“凡事不能想当然”的道理，教孩子学会怎样与人共处。

联合国教科文组织将“共处”能力划定为二十一世纪生存的核心素质和能力之一，指出除了学会学习、学会做事、学会做人，还要学会“共处”，尤其是与同辈伙伴共处。而且事实上，教孩子学会与人共处，一直都是家庭教育很重要的内容。中国有一句古话“能替他人着想是天下第一学问”，就是讲的与人共处的原则。

一年级孩子上学后，与同伴在一起的时间大大增加，一个班里几十个同学，这是教孩子怎样与人共处的好时机。有孩子上学第一天就与同学发生冲突、动手打架；有的孩子在班里很胆小，不和同学一起玩；有的孩子看见别人的铅笔好看，就拿到自己文具盒里，不还给别人；也有孩子很乐意帮助同学收拾没放好的书包、体育课忘掉的衣服，是老师的小助手。

孩子一生都要与人交往，与人共处的能力是家长要教十几年甚至几十年的，所以从上幼儿园开始、从一年级开始，教会孩子如何与人共处。

一 缺少同伴孩子会失去什么

孩子一直都是与同伴一起成长的，从幼儿园、小学到初中、高中、大学，都是与同龄人一起，所以同伴关系对孩子的成长具有多种支持功能，在同伴关系中，孩子才能真正学会与人共处的原则和方法。有家长认为在家里也可以学会，并非如此，同伴关系具有的功能，是家长、教师、其他人都不具备的、无法替代的。孩子缺乏良好的同伴关系会失去什么呢？

同伴关系对儿童成长的支持功能如下：

1. 从权威中独立出来，获得稳定感，消除孤独感；

2. 在压力的环境下得到情感支持；

3. 学会理解，学会宽容；

4. 学习评价他人；

5. 相互提供亲密、协调的经验，掌握社交技能；

6. 提高儿童的自尊；

7. 促进诚实、平等的发展。

这些功能只有同伴关系才具备，所以孩子要和同伴在一起，才能获得这些支持。比如不少心理疾病，都与缺少同伴有关。

因为没有同伴，孩子就可能很孤独，在压力环境下得不到缓解，缺乏交往技能，自卑。

二 教给孩子与人共处的规则

（一）要在小矛盾中教大原则

一年级孩子与同学发生矛盾冲突，都是我们成人认为的小事情。笔者对某小学一个班（50人）进行调查，这个班同学之间发生矛盾、误会的原因如下：

文具丢失：27

小物件丢失：6

不守约：4

捉弄人：3

身体碰撞：7

学习争论：1

怀疑对方恶意：2

这么小的事情，家长可能以为无关紧要。其实恰恰在这些小事情中，能教会孩子懂得与人共处的大原则和具体方法，孩子才能明白道理，学会怎样去处理矛盾冲突。前面我们讲到那个做操踢到同学的例子，就是因怀疑对方故意踢人引起的冲突。家长在这一件很小的事情里，教会了孩子与人相处的大原则：不能想当然，要先把事情弄清楚。

（二）与人共处的核心规则是什么

有教师反映，现在不少孩子报复心理强，在家里凡事有求必应，在学校看到别人有什么自己没有，心里就不舒服；自己想要如果同学不给，就趁同学不注意，把那件东西藏起来或扔出教室去；或者把那个同学的书包拎到别班教室，让同学着急，报复同学。

类似“自我中心”的孩子，就还没有懂得与人共处的规则，家长要教孩子明白，别人的东西是别人的，你想要必须得别人同意，或者去商量，用自己的东西去交换，总之不能强迫，不能使坏。

有个孩子想看邻座同学的小人书，对方不肯，孩子回家说起这事很伤心地哭了。妈妈就教孩子学着去商量，你带上你的小人书去和他交换着看，试试看？于是孩子带了

小人书去和邻座商量交换着看，结果两个孩子成了“以书会友”的好朋友，家里的小人书都交换着看，谁有了新书赶紧带到学校一起分享。后来，老师建议其他小组也学他们，自愿交换分享。

如果这位妈妈说“谁稀罕他的小人书，不看他的，妈妈给你买，买的比他多”，就是将孩子与同伴隔离开来了，这是原则性的错误。因为隔离开了怎么能学会与人共处呢？与人共处的原则和方法是在矛盾中去学会的，隔离开来怎么学呢？

孩子与同伴共处，才会领悟到别人不会什么事情都迁就你，只有与同伴公平地相处，不以自我为中心，才能和同伴友好共处。这种换位思考说起来简单，教起来却困难不少，因为孩子在家里不容易去“自我中心”，尤其被溺爱的孩子，要学会换位思考更困难，所以家长一定要让孩子在同伴关系中去学习、领悟。

三 教孩子克服嫉妒、敌意

一个女孩子成绩好，而且比较稳定，一般都在前几名。这本来是正常的，但她不能容忍别人超过她。只要有谁超过了她，她在教室里就不和其他孩子说话，摔东西，回到家里就大哭大闹，朝大人发脾气，要家长去“消灭”她的敌人，哭闹一场才慢慢平息。因为她强烈的嫉妒心，班里很多同学都不喜欢她，连选小组长都不选她，上课她回答问题答对了，大家也不鼓掌。

一个女孩子，出生到世界上也才六七年，怎么会有这样强烈的嫉妒情绪呢？是什么原因导致的呢？据她妈妈说，这孩子从很小开始，想要什么东西，都必须用“表现最好”“第一名”去换，甜食、玩具、衣服、文具……都得表现到家长最满意才行。有一次这个女孩想要一幅她喜欢的贴画，结果另一个女孩在区里表演得了奖，妈妈就不给奖励了。

所以，孩子越来越害怕别人超过她，越来越在乎第一名，对超过她的同学总是表现出很强烈的敌意、嫉妒。这样看来，家长原本是想让孩子自强自立、努力做到最好，结果却培养起孩子强烈的嫉妒心，严重影响了孩子的同伴关系，不能好好与同伴共处，这就得不偿失了。

有的家长就很重视这个问题，认为这是比学习成绩更重要的问题。一个小学高年级的男孩放学后对父母说，某某同学这次考试超过自己了，言语间有些攻击这个同学的话。爸爸听了对儿子说：“别人超过你，你就这个样子？没出息。”妈妈告诉儿子说：“我情愿你考试分数低一点，也不愿你这样成一个小肚鸡肠的人！”这样的家长教育水平非常高，因为嫉妒心会让孩子变得心胸狭窄，大大降低竞争力。而与人共处的能力越强，竞争力才越强。

学习竞争、职场竞争无处不在，每个孩子都躲不开，所以，从一年级开始，教孩子在竞争中去学会与人共处，学会合作、分享、大度、开朗，孩子才能有真正的竞争力。

四　教给与人共处的具体方法

教孩子如何与人共处，除了让孩子懂得道理，还要教给人际交往的具体方法，在与同伴共处的过程中，去领悟尊重、谅解、表达、沟通、合作、分享、反抗、妥协、调节、应变等原则方法，这里谈几点具体做法。

（一）学着听听别人是怎么说的

孩子与同学发生冲突，家长要教孩子先把情况了解清楚，不要想当然地进行“有罪推断”，要学会“听听别人是怎么说的”，会减少大部分冲突。一个男孩的文具盒被放到教室窗台上去了，男孩向老师告状，老师说“你听听同学是怎么说的”，结果同

学说：“你的文具盒被雨水弄湿了，帮你放到窗台上去晾干。”男孩子听了忙给同学道歉，也知道了凡事要听听别人怎么说。

与同伴发生矛盾冲突之后，家长还要教孩子回过头去进行分析、思考，从中得到经验教训。我在一个小学提问调查，不少孩子与同伴闹别扭之后能够反思，还能总结一些浅显的道理，如“不能乱怀疑别人”“以后记住说话要算数”“不要自己以为怎样就是怎样”“不要一开始就下结论”“动口不动手”等，这些反思非常可贵。在同伴冲突中善于反思、善于领悟的孩子，与人共处的能力会更强。

（二）学会拒绝

与人共处的合理方式，除了友善、替他人着想，还要学会拒绝、抗争。一个小女孩上学后，每天都向老师告状，“老师，他又把我的笔拿走了”，拿走女孩铅笔的是邻座的一个男孩子。女孩子的铅笔很好看，而且女孩总是用卷笔刀把铅笔削得尖尖的、很好用，于是男孩子自己的笔不好用的时候，就拿女孩的铅笔去用，女孩就一次次地告状。

老师告诉女孩，“你不让他拿走，你把笔盒关上拒绝他”。小女孩说，他非要拿怎么办？老师说：“你要大声说这是我的铅笔！要坚决！”女孩鼓了很大的勇气照老师说的拒绝男孩，“这是我的铅笔，你必须经过我的同意才能拿！”男孩子终于说，好吧，我借来写字好吗？女孩子说，你自己有铅笔。男孩说不好用，女孩子说那我教你削铅笔。女孩子终于学会了拒绝。

（三）教孩子真诚委婉的沟通方法

常言道“委婉有诚”，意思是用委婉含蓄的方式表达愿望、传递信息，是顾及他人感受，不愿伤害人的一种诚意，也是表示歉意、表达和好的愿望的含蓄、委婉的传达方式。

家长要让孩子懂得委婉是解决矛盾、消除误会的好方法，

比如肢体语言效果就很好。有两个小男孩发生了矛盾，都憋着很难过，第二天上体育课一个摔了跤，另一个赶紧上前扶他，用身体语言传递了“和好”“歉意”的信息；有两个女孩子闹矛盾后，第二天不约而同地“拿着两个水果”，试探地望着对方，交换了水果后二人和好如初，其间一句话也没有，委婉的心态和做法非常可爱。估计这些都是“妈妈教的”，教得非常好。

哪些现象不必担心，哪些现象要认真对待

一年级的孩子刚上学，许多上学的道理不懂得，老师交代的事情不知道去做。不知道课堂有纪律，把上课当成游戏，想离位站起来就走，或躲在桌下叫“老师来找我”，想吃冰棍向老师要钱，把老师当成妈妈，懵懵懂懂地满心思是玩耍；听见打铃不知道是上课铃还是下课铃，上体育课忘了自己站队的位置……

孩子这样的懵懂，家长发愁得很，是管还是不管呢？如果要管，哪些是需要认真对待的，哪些又是正常过程、不必担心的？孩子只有六七岁，一切从头学起，各种不足都是孩子幼稚、不成熟的表现，这其中有些不成熟会随着孩子长大逐渐消失，家长不必担心。

但是有的现象并不随着孩子长大而改善，如学习习惯差、缺乏自信、运动不足等，这一类不足会随着时间推移，问题更加严重，所以是需要家长认真对待的。

一 家长不必担心的现象

（一）写错字、算错题

人的大脑神经系统要到十八岁左右才完全发育成熟，六七岁的孩子神经系统发育还不充分，所以孩子经常写错字、算错题是正常现象。有的家长规定孩子“不准错题”“要考100分”，然后追究个没完甚至还严厉惩罚，这是既不科学也不必要的。因为成人的大脑活动也有误差，也会出差错，而且一年级孩子也缺少学习方法，出错就更难免了。

孩子怎么才能具有稳定的、少出错的学习能力呢？这是一件需要长时间努力才能实现的事情。一年级就是学习的起步，家长心里要有数，起步阶段不说输赢，不要把孩子写错字、算错题看成是输了，也不要认为没出错就赢了。

（二）不知着急

刚刚上学还“不知道着急”的孩子最使家长发愁，马上就要迟到了也不急着走快一点；老师不走到座位前叫把书拿出来，就坐在那里东张西望，好像上课与自己无关；考得不好也不着急，考好了也无所谓，好像学习成绩可有可无。

有的孩子到了二年级也还是懵懂的，不知着急。曾有个男孩读二年级时，班里组织到革命纪念馆参观，他比其他同学早

到学校，就爬上滑梯去玩。在滑梯上他看见同学们上车，看见车开出校门，竟忘了自己是要去的，玩了一阵回到家，妈妈问他，他才说“他们走了”。家长愁得很，心想“这怎么得了呢”？平日也是这样心不在焉的，一学期丢了三本语文书。

“不知着急”的孩子以男孩居多，这是由于男孩六七岁上学时，他们实际的语言、注意力、任务意识的发展，比女孩要小一岁左右，所以任务意识比较差，容易忘记老师布置的任务，解决这个问题需要的是时间，家长担心也没多大用。可以提醒孩子、教他们增强任务意识，一般到四年级前后，男孩的心理发育与女孩持平，懵懂的现象才会消失。

（三）不专心

在我们的调查中，不少的家长都反映孩子不专心，听课、写作业容易分心。这个问题在前面谈到过，那就是六七岁的孩子专注力只能持续十五至二十分钟，所以学校的一堂课四十分钟，但老师不会一直讲四十分钟，而是讲了二十分钟左右，就换一种课堂形式，不然孩子注意力就分散了。有的一年级老师讲一半的课，然后要唱唱歌，拍拍手做个小游戏，就是很科学的。家长也一样，要懂得孩子用脑的特点，切忌让孩子连续写

一个小时的作业，孩子做不到，却又批评孩子不专心。

（四）喜欢打闹、好动、好玩、坐不住

六七岁的孩子本身就是喜欢活动的，他们像小动物一样喜欢相互打闹、追逐、嬉戏，喜欢奔跑、蹦跳，这是孩子的特点而不是缺点，不需要家长批评，只需要家长提醒他们“现在读书了，有学习任务要去完成”即可。如果六七岁的孩子坐着就不动弹，也不跟别的孩子玩，这倒是很值得家长担心的事。

一年级孩子在学前以玩耍为主，上学后好动、好玩、坐

不住也是正常现象，需要一段时间的转换、过渡。要求他们连续好好地坐上半小时以上，他们肯定会坐不住。随着孩子逐渐适应了学校的要求，自控力逐渐增加，这些特点也就逐渐消失，家长不必担心。

这里要单独说一下儿童“多动症”的问题，多动症又称为“注意缺陷障碍”，多见于小学阶段的男孩子，发病的原因比较复杂，一般推测与脑神经轻微异常、发育迟缓或食物过敏有关，主要表现为注意力涣散、行为冲动、活动过多等。多动症一般在十三四岁以后会缓解，多数可以不治而愈，由于诊断多动症还没有可靠的客观指标，因此家长和老师都不能随便下结论。

二 家长要认真对待的现象

（一）孩子睡眠不足、营养不足、运动不足

据联合国教科文组织的研究，导致孩子学习困难的因素，

一是睡眠不足，二是营养不足，三是运动不足。这是小学、中学的孩子学习困难的共同原因。字写不好、不会算题、考试要丢分这些问题的严重性，都远不及孩子睡眠不足的问题严重。最近有不少地方教育主管部门决定，推迟小学儿童上学的时间，让孩子每天多睡半个小时。

上述这三点原因中，最没有引起家长重视的是孩子运动不足。儿童成长首先就是身体的健康成长，由于儿童心肺功能弱，大脑供氧不足，精神疲倦，不光是影响身体健康发育，还会导致学习精力差，成绩受影响。这三点家长首先要充分重视起来，认真对待，想办法纠正，不能拖延。

所以我一再强调，素质教育从操场开始！孩子的身体活动一定要达到中高强度，才能算是充分的身体活动。家长如果要给孩子上补习班，应该首选体育项目训练班，因为充分的身体活动、系统的身体训练是一年级孩子乃至整个中小学生最需要“补习”的。每周三至五次的中高强度的运动，才能保证孩子健康发育、精神饱满、生气蓬勃，才能胜任学校的学习任务。

（二）孩子学习习惯差

学习习惯包括起床睡觉这一类生活习惯和听课作业一类的学习习惯。生活习惯与学习紧密联系，生活习惯的好坏直接影响学习，如果孩子的生活还不能自理、饮食起居没有规律、学习习惯不好，这是家长要高度重视、认真对待的。六七岁是好习惯养成的关键期，这个阶段习惯没培养好，以后花时间再去纠正难度很大。所以在关键期家长要花时间、花精力，培养孩子养成好习惯，孩子终生受益。

（三）一边写作业、一边玩

有的孩子一边写作业一边玩，做做停停，这也是非纠正不可的坏毛病。孩子的注意力只能稳定十五分钟，那么十五分钟内学习必须专心，切忌边玩边学习。这个坏习惯养成了，要想学习好几乎不可能。越到高年级，学习越困难。

（四）孩子被电视、网络控制

迷恋电视、网络是学习的大敌，这是家长要认真对待的。孩子被电视、网络控制的现象，绝不会随着孩子年龄增长就逐渐消失，而是越来越难以摆脱控制。所以家长从一年级上学起，就应极其重视这个问题。否则孩子的健康、学习都要被毁掉。这方面的教训非常多，很惨痛。

（五）孩子自卑

有的孩子进学校后学习不及别的孩子好，就认为自己很差，很自卑。不知道怎样努力，性格孤僻、胆怯，这是家长要认真对待的。一年级是上学的起步，只要努力，就能成为好学生。这一点极其重要，不光在一年级阶段，任何时候自卑都是孩子成长的不良根源，家长要千方百计促使孩子有信心，多鼓励，多表扬，纠正自卑。

怎样让孩子集中注意力

孩子放学回家写作业的时候，有的家长就坐在一旁督促孩子专心，可孩子刚写一会儿，家长看见孩子的手脏，就说："你看你的手哟，怎么这么脏呀？"一会儿又说："头发也长了，该理发了。"也有家长"远距离干扰"，自己在厨房忙活，想起一件事就随便打断孩子，比如："今天带去的钱交给老师了吗？"孩子不得不转移思路来回答家长的问题；一会儿家长又大声问："这次考试分数公布没有？多少分？"孩子又得分散注意力来回答——每天都有许多可以发问的事情，孩子不得不接受这种反复的分心"训练"，结果也就形成容易分心的坏习惯。

这说明一个什么问题呢？专注力需要培养，需要保护。专注力是学习能力的一个重要构成，家长要非常重视才行。为什么？

今天的钱给老师了吗？
这次考试分数公布了吗？

一　好的专注力学习能事半功倍

专注力是学习的核心能力之一。有的家长反映孩子容易分心，自己没办法；其实，孩子也拿自己没办法。因为专注力不是想专注就能专注的，而是需要认真去培养才能形成。专注力为什么很重要？因为它关系到学习效率，孩子专注学习就事半功倍，反之则事倍功半，专注学习才能学好。

专注力差对学习非常不利。由于不专注，花费时间长，孩子的时间负担就比别人重。我了解过七八位专注力差的孩子，他们写作业的时间是同班速度最快的学生一倍，家长督促就快一点，自己做就怎么也快不起来。日积月累，孩子多花了多少时间？如此一来，就失去玩耍、失去运动、失去课外阅读的时间了，孩子的学习基础就更差了　。

专注力差会影响思考速度和书写速度。平日拖拖拉拉完成作业，考试时有时间限制，孩子就可能做不完题。良好的专注力是优秀学生的重要标志。这里提醒家长，愈到学习高段，专注力就愈显得重要，所以重视培养专注力，从一年级开始。

二 如何培养孩子的专注力

（一）不破坏，就是培养专注力

培养专注力可以从孩子一两岁开始，孩子翻画册、画画、剪纸、摆弄玩具、写字、看连环画等，总之在孩子大脑活动时，家长就要有意识地进行培养。有家长认为专注力应由学校培养，这种观点使家长白白丢失了孩子学前几年最有利的时机，导致孩子上学时坏习惯已经养成，专注力差，这对孩子的学习极为不利。

小孩子的专注是天生自带的，所以在孩子小时候培养专注力并不困难，只要不去人为干扰，就保留了孩子的专注。比如孩子翻画册、专心看画册时，家长要避免干扰孩子。有的家长把孩子安放在家门口，给一本小人书看，孩子看上几页，过往的熟人朋友叫他，孩子就抬起头来，一会儿又埋头看小人书，又有叫卖的小贩路过，孩子的注意力又从小人书上移开。经多次重复，以后稍有一点动静，就不由自主地“走神”，马上分散了注意力。

有的孩子在写作业，家长自己就成了不停去分散孩子注意力的“干扰素”，如大声说笑、随意打断孩子，甚至让孩子在电视一旁，一边画画、看书，一边看电视，这不成了训练孩子怎样分心了吗？

我在不少的家庭里看到类似的情况时，告诉家长这样后患无穷，以后孩子缺乏专注，会令家长叫苦不迭。可一些家长并不在意，以为孩子小，又不是正规作业，问题哪有那么严重。结果孩子上学后不能专注学习，大吃苦头。

（二）培养专注力的具体做法

培养孩子的专注力，家长要给孩子固定一张小桌、小椅子，离成人交谈场合、电视、电脑、厨房远一点，孩子一旦坐下来看书、玩玩具，就尽可能让他保持专心用脑一段时间，来了客人

也不一定为了要他表示礼貌而打断孩子；家长讲故事也要专心地讲，尽量吸引孩子的注意，不能讲几句又中断了，这样讲就不如暂时不讲。即使孩子捏泥人、做手工，也需要专心用脑，甚至孩子独自摆弄什么、比画什么，家长最好不去惊动。这样就能使孩子逐渐养成沉浸于内心活动的习惯，不容易分心，在需要用脑时可以坐得住、静下来。

上学以后，家长就要尽快让孩子形成正规学习的良好习惯。比如孩子完成作业，除了固定桌椅外，与学习无关的摆设一律撤除，如画片、小玩意都不要放桌上，以免分散孩子的注意力。孩子坐下来写作业看书以前，要求孩子准备好笔、墨水、橡皮等学习用具，喝水、上厕所等琐事也最好不要在坐下写作业后又才想起，这样的目的是让孩子一坐下来就很快进入思考状态。坚持一段时间，不但学习效率高，也有利于思路的流畅敏捷。

不少学生作业前不做准备，坐下来开始写作业时，才发现笔没了墨水、铅笔没削好、字典没拿出来，于是折腾一番。坐下来写了一会儿，又要喝水、上厕所、换拖鞋，如此反复大概要二十分钟、半小时以后才能真正进入思考状态。有的家长心疼孩子、关心孩子又不得法，坐在孩子旁边削铅笔，递水喂点心，这是错误和失策的。

甚至有的孩子被家长宠得写作业的习惯坏透了，一边写作业一边“呼风唤雨”，一会儿要家长这样，一会儿支使家长那样，稍不如意，就发脾气，威胁家长“我不做作业了”，哪里还谈得上专注力？有的孩子虽不起身东走西走，但连续用脑连续书写的持续性差，所以老是停停走走，一个问题不能在脑子里待多久，稍有一点问题阻拦，思路就中断转移了。这一点家长尤其要注意。

家长辅导作业不得法也容易人为地分散孩子的注意力。例如讲一道题，家长应力求把要讲的讲清楚之后，就让孩子去独立做完整题，不要讲一点孩子就“咚咚”跑开去做，一会儿卡住了，又问，刚听懂一点又跑开了。如此一道题或一次作业要折腾多次，极不利于孩子形成良好的专注力。

（三）孩子缺乏专注力怎么办

有家长问，如果孩子已经不能专注学习，如何纠正呢？专注力差纠正起来是比较困难的，而且容易反复。但是如果下决心去纠正，也没什么纠正不了的毛病。一般来说，如果在学前发现问题，容易纠正一些。孩子没上学，时间充裕，挑孩子喜欢的书画来进行训练，效果比较好。

已经上学的孩子，纠正不能专注学习可以循序渐进，开始家长给孩子定一个起点，起点相对要低。比如孩子可以持续五分钟不分心，那么起点定在四分钟左右。孩子持续专心了这个标准以上，家长就给予表扬，及时地表扬，哪怕多一小会儿也行，这样鼓起孩子的信心和兴趣，争取一点一点地增加。一般说，小学的孩子能够持续用脑十五至三十分钟，达到这个标准，也就算能够专注学习了。家长再花些时间巩固，一般几十天的时间就可以基本矫正过来。

早知道这样，就慢点写了。
时间还早，我们再做一题好不好？

（四）培养专注力的禁忌

家长培养孩子的专注力，要切忌唠叨，因为家长的唠叨只能使孩子注意力更为分散、专注力更差。还有一点家长必须做到：孩子经过一段时间训练，专注力提高，作业完成得比之前快，家长切切不能说："还剩这么多时间，再做一点题。"又想给孩子加练习，其结果就是暗示孩子，作业做慢一点反而不加练习，何必专注地赶那么快？这又把孩子推回到拖沓状态。孩子有信心在短时间内完成作业，精力就集中，如果做完了又得加练习，那么孩子就可能绝望了。这个道理家长应该不难懂得。

能独立了，才能长大

有位家长说，家里三代同堂，女儿从小享受“全程服务”，饭来张口，衣来伸手，已经习惯了依赖，凡事都磨蹭，反正有人替她完成。冬天穿衣，奶奶怕她受凉，赶紧去帮忙；吃饭太慢，爷爷怕饿着她，赶紧喂她，“自己的事情自己做”成了一句空话。上一年级后，问题立刻暴露。在学校她总比同学慢，作业慢，动作慢，考试、测验跟不上全班的节奏，体育课换鞋、换衣服更困难，有时候换好鞋和衣服到操场，体育课已经上了十多分钟了。家长这才意识到问题严重。

现在“80后”“90后”都先后进入职场，进入社会，有了家庭，有了孩子。他们的家长不止一个问我，孩子没主见，怎么办？一次春节前，我见一位母亲拎着几袋粉蒸排骨等菜品去真空包装，要寄给女儿，我说：过年了，寄一点童年味道给孩子？这位母亲说寄了好多次了，孩子结婚工作在外地，想吃

的菜又不会弄，只知道叫外卖，因为担心外卖营养不够，于是隔三差五地做了给女儿寄过去。

这是一个“事事代替”的教育模式，孩子已经成家立业，且在外地，而殷勤的母亲变着方法继续给孩子料理生活。常言道“慈母败儿”，家长事事包揽，孩子就长不大，长不大的孩子就需要家长一直照顾。这还只是把菜做好寄过去，还有更甚者——啃老，带着妻小一起啃老的也不在少数。这是一个“孩子怎样才能长大”的问题，答案是：让孩子独立面对。独立面对，才能长大。

为什么独立面对才能长大呢？怎样教孩子独立面对呢？

宋代宰相司马光说过：“老牛舐犊，不如燕引其雏。”[①]意思是父母爱孩子，有的只会像老牛一样用舌头一遍一遍舔舐牛犊，尽显疼爱之情，然而孩子终究要立足于社会，所以真正的疼爱是教孩子多学本领，要像燕子带着雏燕一遍遍地练习飞翔那样，小燕子学会飞翔才能生存。所以，爱孩子要为他计长远，培养孩子独立面对，孩子才能长大。

---

①［宋］司马光著：《潜虚》。

一　独立面对——自己的事情自己做

有一位四年级孩子的家长诉苦道：“四年级了，不但不会做家务，铅笔断了也要削十分钟，写个毛笔字弄得满手都是墨，每次写作业找本子、找笔找半天，笨得不得了，真不知以后怎么办！”孩子这样笨拙，责任是在家长，如果从一年级就重视自己的事情自己做，四年级的孩子还会这样吗？

其实从一年级孩子开始上学，就要独立面对

很多事情，这是培养孩子独立处理问题的好时机。因为孩子在学校，想依赖家长也依赖不了，独立面对能大大提升独立解决问题的能力，这是非常重要的事情。如果家长事事包揽，孩子就无法独立面对，总有人代替，总有人挡在前面，孩子自己的事情不是自己去做，结果会怎样？

孩子从一年级开始整理自己的书包、文具、生活小事，到料理自己的学习、考试、竞争，再到将来料理自己的职业、人际、情感，直至料理自己的家庭、事业。在独立面对中，逐渐长大，直至成才。

（一）自己的事情自己做，培养利索的孩子。

我曾在一个二年级孩子家里，见家长一边问孩子“这个练习册明天带吗”“明天带跳绳吗”，一边往孩子书包里装进第二天需要的课本文具练习册，我说“都二年级了，你让他自己收拾整理”，家长说：“还是我收拾省事一点，不然明天我可能又得给他送什么到学校去。”我说：“开始做不好，多几次他肯定会的。你这样他永远都做不好的。”

据某小学一年级的调查，约10%的孩子早上起床还不能自己把衣服穿好，31%的孩子有时不能自己把衣服穿好，更不

用说其他事情。在某二年级调查，还有大约三分之一的孩子是家长帮着收拾书包。可见这些家长还是没懂得“自己的事情自己做”的重要性。而这个问题的确很重要。

一年级孩子开始收拾书包有困难，家长要耐心教，先放什么，后放什么，课本放哪里，笔盒放哪里，水杯放哪里，这样到课堂上就有条理。有的孩子（尤其是男孩）老记不住，家长也不要责怪，就是耐心地一次次反复提醒，多几次孩子也就记住了，就能够很利索地收拾好书包。

孩子只有六七岁，开始都不可能做得好，家长要记住：让孩子独立面对，绝不代劳，孩子做事困难，也不急着去帮忙，让孩子自己学着处理，经过一段时间，逐渐就能干利索了。

其实教孩子自理，比家长自己代劳要费劲得多，这是家长老要包揽代替的一个原因。教孩子收拾书包用的时间，比家长自己三下两下收拾好要多得多，但是家长又必须要有这点耐心，耐心等孩子自己做，才是长久之计。因为你不可能代替孩子要面对的人生所有事情。在家里的事情家长可以代劳，却不可能到教室去帮孩子上课拿出课本、文具，更不可能代替孩子解决一辈子的各种问题。

有的家长认为自理是生活方面的小事情，与学习没关系，所以不重视。其实好些学习跟不上进度的孩子，自理能力都比较差。前面我们也讲到，在小学一年级教室，动作不利索的孩子很被动，老师叫拿出笔来写练习，别的孩子已经写了一两行字，他们才开始写；写完练习老师叫坐端正，又开始讲课了，动作慢的孩子还没放好笔、书包还没放进抽屉，本子没关上，手忙脚乱的，一看便知是在家里不大“自己做”的孩子；体操课完了，也不会系鞋带，等系好了，下一节课又要打铃了，还没上厕所……动作节奏总是慢于其他孩子，跟不上速度要求，学习很被动。所以，自己的事情自己做，不单单是培养生活自理能力，更是学习能力生长起来的基础。

其实孩子从两三岁就喜欢“我来做”！并不喜欢家长代劳，上学后更不愿意在班级里显得很笨，他们也乐意自己是个能干的孩子，得到老师和同学的称赞。有高年级的孩子在作文里对家长说：“妈妈，你不要溺爱我了！我能自己做事情。”

（二）自己的事情自己做，培养有责任感的孩子

对一年级孩子来说，上学本身就是一种责任培养，上学是自己的事情，自己的事情自己做。有老师反映说，经常有书本、衣服掉在教室里、操场上，几天都没有孩子去认领，老师拿到教室里询问，孩子也不知道自己的衣服是什么样的。新华书店里我也见到过家长买课本，我说肯定是孩子把书弄丢了，家长说孩子一学期弄丢三本书，不知道掉到哪里去了，家长只好再买。文具就更不知道丢了多少。可见促进孩子长大，从自理开始去做。

有的孩子在四五岁就自己洗头、洗澡，自己收拾文具了，到上一年级，按时起床上学、写作业就比较主动。写作业这件事情最能培养孩子的责任感，完成作业是自己的事情，就应该独立完成。家长只是辅助，不能把作业弄成了家长的事情。

现在有的学校把作业布置到家长手机里，要求家长督促、签字，甚至还要求家长批改后上传给老师。这是不符合学生“独立完成作业”的要求。一年级孩子识字还少，看不懂题，那么就应该布置孩子能够听得懂、记得住的作业，听清楚“任务”，也是孩子要独立面对的任务，家长不应该代劳。

因为写作业是孩子的责任，批改作业是老师的责任，家长

和学校合作的边界应该清楚。家长要坚持一点，孩子自己能完成的，就一定要求孩子自己完成，自己的事情自己做。如果超过了孩子的能力，要向老师反映，作业超过了孩子的能力范围。

一位家长说，学校布置作业，在家里制做端午节的粽子，还有一条纸质的龙。这是超过了一年级孩子独立完成的能力范围，于是家长告诉孩子，这个任务你一个人没法完成，我们帮你准备好材料，但你自己要至少做一只粽子，才是独立完成作业。包粽子并不好掌握操作要领，但是家长坚持着，一次次地示范：用粽叶怎样卷出一个锥形，装上糯米，然后用丝绳怎么捆……从头到尾花了三个多小时，孩子终于包好一个粽子。这位家长坚持自己的事情自己做，培养的就是孩子的责任意识。

我参加的类似的学校活动

不少，很多家长遇到这种情况忍不住要代劳。一次，家长坐在教室里参加孩子手工制作的观摩课，我看见有的妈妈就忍不住要去帮孩子。有个小男孩不让妈妈帮忙，他妈妈还说“你做得太慢了”。我在想，即使做得快有奖品，也得孩子自己完成的才算数呀。

一个家庭的成员各有各的责任，成人有成人的责任，学习任务是孩子的责任，如果孩子认为自己的任务其他成员都有责任，那么实际上就会谁都没有具体责任。在责任混乱无序的家庭长大的孩子，往往就缺乏责任意识，好像什么事都与自己无关，很难担起责任。

能担起学习责任的孩子，学习能力才能生长起来，独立学习的能力不断提升，孩子的自信也会不断提升。更重要的是，自己的事情自己做，对孩子的成长具有更多重的价值：有体验，有知识，有动手，有推理，有直观，有经验，能克服幼稚、笨拙、依赖， 才能长大。

二 独立面对：学会自我保护

孩子上学后离开父母的时间增加了，面临的安全威胁也大大增加，人身安全成了家长最担心的事情。有一项对家长的调查："孩子上学后你最担心的是什么？"回答"最担心安全"的比例占第一位，"学习不好""担心学坏"列第二三位。有家长说："我无时不在担心，感觉危险无处不在：过马路、人贩子、盗窃、下暴雨……"的确如此，只要孩子不在身边，家长的担心就难免。

但是孩子要上学，要长大，都必须离开家长独立活动。因此，家长除了给孩子悉心的保护外，最好的办法是教孩子学会自我保护，这才是最根本的保护；培养孩子能独立面对，是最有效的保护。如孩子上学过马路，开始一段时间家长要接送，在接送的过程中，就要教孩子对周围是否有车辆保持警惕，教孩子熟悉交通规则，为独立过马路做好准备。有家长不注意这一点，孩子没有自我保护观念，跟家长一道就规规矩矩走，没家长就乱穿乱跑，非常危险，甚至还有家长带着孩子乱穿马路的现象。

孩子玩耍的场地也容易出危险，危房危墙、锈腐的铁门、沙堆塌陷、断节电线、松动的栏杆、施工工地、水边等，随时都可能危及孩子安全，家长要注意孩子上学路线的附近情况及孩子的玩耍场所是否存在隐患，叮嘱孩子哪些地方不能去，哪些设施不能去触碰，哪些危险地带绝不能去玩耍。家长要教会孩子保持对陌生人的警惕和具体做法，告诉孩子无论什么情况也不能跟陌生人去，包括陌生人请孩子帮助带路也不能去等。

日常生活中的电器、燃器、刀具、尖利物品要告诉孩子远离，不随便到厨房触碰使用。我曾不止一次看到小孩子拿着烧烤串一类的尖利竹签，一边吃一边沿着斜坡路飞跑，而家长在旁边没事儿一样的。我提醒太危险了，家长才勉强招呼一下“慢点跑”。我想，医院里经常接到的儿童意外伤害事故，大部分出自这些家长的毫不在意，更缺乏教孩子怎样自我保护的意识。家长要告诉孩子，凡是手里拿着尖利的东西，就要停下来，更不能飞跑。就如现在我们成人就需要给自己定下规矩，看手机就停下脚步，就不会在横穿马路、进出电梯时出问题，也不会掉到坑里去。

一年级孩子上学后，独立活动的时间和范围都在增加，孩子要平安成长，最可靠的办法就是培养孩子的自我保护意识。这里介绍给家长英国的《儿童十大宣言》，它告诉孩子自我保护的具体做法，很具体，很详细，小孩子容易记住也能做到：

1. 平安成长比成功更重要；

2. 背心、裤衩覆盖的地方不许别人摸；

3. 生命第一，财产第二；

4. 小秘密要告诉妈妈；

5. 不要喝陌生人的饮料；

6. 不要吃陌生人的糖果;

7. 不要与陌生人说话;

8. 遇到危险时可打破玻璃，破坏家具;

9. 遇到危险时可自己先跑;

10. 不保守坏人的秘密，坏人可以骗。

有好情绪，才有好成绩

一个一年级家长的爸爸对老师说：“我们那孩子简直不能批评，我们还没说完一句她就哭起来，哭得很伤心，我就不忍心再说她不对。”老师问这位爸爸，她发脾气吗？哭过之后还伤心吗？爸爸说她不发脾气，哭得很委屈，我们不说她了，她一会儿就没事了。

有家长在咨询中说，孩子脾气大，不顺心就大哭大闹，非要达到目的才肯罢休，很小的事情就可能闹得天翻地覆，家长束手无策；而有的孩子则爱哭，遇到事情就哭，家长同

样束手无策；也有孩子在学校冷静、克制，顺从听话，可回到家里就任性冲动，大哭大闹；还有的孩子从来没脾气，很胆怯，喜怒哀乐都压在心里，家长也觉得有些问题。

在我看来，这些家长能够关注到孩子的情绪状态，说明他们重视优化孩子的情绪，这是非常明智的家长！因为情绪品质对孩子的重要性丝毫不亚于学习的重要性，甚至更比学习更重要。近年来，情绪品质已纳入学前准备的范畴；学前儿童的各项入学准备中，情绪品质是重点。那么，家长如何优化孩子的情绪品质呢？

一 了解孩子的情绪特点

家长了解孩子的情绪特点，一般从三个方面去判断：一是情绪强度怎样，二是情绪持续时间长短，三是情绪指向是朝外还是向内积压。

情绪强度是指情绪的强烈程度，有的孩子不顺心就大发脾气，摔东西，就是情绪强度很大。一个一年级孩子在上全国观摩课的时候，因为文具的原因觉得邻座的男生欺负她，就大哭起来，声嘶力竭的，老师哄劝不行，只好将孩子带离。好在听课的老师都是内行，说一年级的孩子就是这样的。从情绪的特点来看，这个小女孩就属于情绪强度大的。

成语里面“怒发冲冠”“欣喜若狂”“悲恸欲绝”“手舞足蹈”

都是形容情绪很强烈的表现。这是判断情绪品质的一个指标。

第二个指标是情绪的持续时间。比如孩子的愉快持续的时间长，即使有不高兴的事情，一会儿就过去了，我们称之为乐观开朗，如像有的小孩被父母惩罚甚至体罚，哭一场也就没事了，心想父母也是为我好，并不往心里去，也记不住。反之，有的孩子消极情绪很稳定，遇上不高兴的事很长时间都郁郁寡欢，总体上给人的感觉这孩子很难高兴，总是在担心什么。即便是考试考得好，可是只高兴了一小会儿，马上就又要担心下次考不了这么好怎么办，于是又高兴不起来了。

有的孩子情绪强度不大，可是持续时间却很长。一个小女孩从不大吵大闹，甚至从不大声说话，可是如果被老师轻轻批评一次，她可以郁闷到三天都不说一句话，父母怎么询问、劝解都没用。这种孩子看起来脾气不大，甚至“没脾气”，然而很有害的是消极情绪很稳定。家长如果不能识别，消极情绪累积到一定程度，就要出问题，尤其在遇到学业、职业、人际、情感等大事情的挫折，消极情绪激烈爆发，轻则抑郁，重则伤人，伤自己或伤他人。家长一定不能掉以轻心。

第三个指标是情绪的指向，朝外或是朝内。情绪外向就是情绪朝外发泄，不高兴时吵架、训人、发火，高兴起来大说大

宝贝怎么闷闷
不乐的呀？

笑；而情绪朝内就是生气起来往自己心里压，次数多了容易在心里堆积起来，高兴也是“笑不启齿”。家长要注意的是，情绪内向，加上消极情绪稳定，是心理健康的高危人群，轻则有心理疾病，重则伤及生命。

二 为什么好情绪远比好分数重要

由于学业竞争激烈，孩子从上学开始精神压力突然加大，并随年级递增，消极情绪得不到疏导，导致孩子整个儿童期的精神发育出现许多问题。所以家长要从一年级开始，高度重视儿童期的精神发育，一定要懂得好的情绪品质比好分数重要，一定不能为了好分数让孩子付出长时间坏情绪的代价。这个代价的有些结果，是家长承担不起的。

为什么我要在一年级就强调这个问题呢？近年来频频出现的大学生、中学生自杀，令人揪心。前不久某地一个区的学校期末考试成绩公布的那两天，就有三个分别是高一、初三和初一的孩子跳楼自杀，让人震惊！家长们细想，一个人站在高楼顶上要往下跳结束生命，要绝望到什么程度？

很可能他们的家长从小学一年级就只要他们的好分数，从不关注他们的精神压力是否可能压垮他们，孩子们一次次把消极情绪积压起来，家长浑然不觉。这三个孩子的其中一个初三的女孩，拿回成绩单，妈妈看了大发脾气，说初三你才这个分数！把女孩骂一顿，自己做饭去了。其实女孩的成绩从小到大一直都好，考入重点中学，这次考的成绩也在班里是前几名了，可是妈妈期望值是年级前几名。女孩告诉妈妈说考试这几天是生理期，自己已经算是拼了，才考到前几名，妈妈说不要找理由，自己不行就是不行……最后，女孩感到绝望，最后用如此激烈的方式来解决了妈妈不满意的问题。留下遗书，说不怨任何人，扛不住了，这是自己的选择，她已经多次想过这件事情……我相信这位妈妈也已经肝肠寸断的了，希望所有家长从孩子一年级开始，懂得好的情绪品质远比好分数重要。

三　了解一年级孩子的情绪特点

六七岁的孩子情绪各具特点：有的孩子总是高高兴兴的，好像从来不知忧愁；有的孩子脾气暴烈，不高兴就厉声尖叫、大哭，还伴随着激烈的肢体行为。有的孩子爱哭，而有的孩子什么都无所谓，挨了批评也无动于衷，好像没情绪；家长要学会综合起来判断孩子的情绪特点，识别威胁孩子健康成长的坏情绪。

情绪的强度、持续时间和情绪指向这三个指标，都要看是否超过了正常的 “度”。比如孩子好哭，不一定是有问题，只要时间不长，次数不太频繁，就是这个孩子的特点，但太好哭了，而且上学很长时间了，还是每天要哭好几次，就超过正常范畴了；有的孩子虽然不好哭，但不高兴的事情会长时间闷在心里。

曾经有个女孩子上学忘了戴红领巾，在校门口被记了名字。这孩子认为自己影响了班集体的荣誉，一个学期过去了，还一直被羞愧困扰着，为此经常偷偷地哭，这就超出正常范围了。家长发现了问题，告诉老师希望得到指导。老师在班里举行了一次优化情绪的课，让孩子们说出自己不高兴的事情，这个女孩就讲了自己被记名字的苦闷，同学们都说我们早就忘记了，

你不用难过。这才化解了孩子的精神压力。这位老师非常高明，更值得称赞的是女孩的家长。

（一）快乐、阳光的孩子

快乐、阳光的孩子总是高高兴兴的，说什么都是开心的笑脸，即使摔了一跤或被吓了一跳，也咯咯地笑。遇到不高兴的事情，一会儿就忘了，不会积压在心里，这类孩子的心理发展一般不会出现大问题。快乐的孩子情绪品质是优等，是家长培养的成功，他们怎样优化孩子的情绪品质的经验，很值得其他家长好好借鉴。

那么哪一类家庭的孩子是快乐的孩子呢？给予孩子足够安全感、孩子无忧无虑、家长自身乐观开朗的家庭，尤其是家长自身的乐观开朗，是最有效的身教示范。

（二）好发怒、脾气大的孩子

一般来讲，孩子好发脾气，好发怒，无理取闹，与神经系统发育的类型有一定相关，但主要还是家长教养不当所致。

有的孩子在家里很规矩，在学校好发怒，谁惹着他，就怒气冲冲，甚至打人。这种情况可能是因为家长严厉得可怕，孩子在家里积压了坏情绪，在学校就会朝弱小的同学发泄，一言不合就发怒，攻击人；有的情况相反，孩子在学校不顺心但很规矩，回到家里因为家长百依百顺，没有约束，让孩子的坏情绪随意爆发，孩子也就容易乱发脾气，无理取闹，

（三）好哭的孩子

好哭的孩子大多是女孩，但近年来男孩好哭也时有所见。有的孩子刚刚上学，环境生疏，没有伙伴，加之生性怯懦，怕同学欺负，情绪低落，遇到一点事情就会哭个不停，总的说来，还是由于缺乏安全感，不适应班级生活的缘故。有的孩子甚至

到了高年级，一个假期结束开学的时候仍要偷偷哭一两周才慢慢适应。

针对这类情绪特点，家长要耐心促进孩子逐渐适应学习，适应与同学相处，孩子有了安全感，适应了学习生活，有了自信心，就会开朗起来，有时也哭，但总体是愉快稳定的。有的孩子好哭是身体原因，身体太弱或缺乏某种元素，也可能导致孩子总哭，就是一般所说的“弱症”。对此家长可询问医生，找到原因，增强孩子体质，改善孩子的情绪。精力充沛、生气勃勃的孩子就很少哭。

（四）“无所谓”的孩子

有的孩子上学后仍然对什么都无所谓，学校的规矩要求一律不往心里去，甚至分辨不清楚老师是表扬还是批评。一个叫昊昊的孩子回家告诉妈妈说：“老师今天表扬我了！”家长半信半疑地问，老师表扬你什么呀？孩子说：“老师说人家昊昊都没说话，你们还说话！”让家长哭笑不得。

无所谓的孩子让家长心里不踏实，不知道孩子怎样才能对学习上心。有的家长就想办法让孩子为学习发愁、焦虑，就老是把孩子训得愁眉苦脸、很害怕的样子才罢休。这样做是不妥

老师表扬你什么啦?
老师说人家昊昊都没有说话，你们还说话!

当的。

有一类无所谓的孩子因为刚刚入学,对学习任务没有意识，显得什么都无所谓，随着老师的反复提醒要求，这种情况就会逐渐消失，家长需要的只是耐心等待这个过程。

其次有一类孩子，“无所谓”就是他们的情绪特点，受了表扬并不欢天喜地，挨了批评也反应不大，即使难过，也就那么一会儿。这种情绪比较稳定，不极端化，对学习、对心理健康都有利。家长不必要求孩子改变，反而还应该珍惜。如果孩子从一年级开始对表扬、对批评反应强烈，那绝对不是好事情。

一次我在一年级教室看孩子们做端午节的手工，用彩色纸做一条龙，我旁边的一个男孩子做得很快，做好了就静静地坐着，其他孩子做好了都把手举得高高的，报告老师自己完成了。我问他要不要举手告诉老师？他很平淡地说“不用了”。

我很惊异这孩子如此无所谓，就询问他身边的家长。家长说也许受他们的影响吧，他们有没有领导表扬也一样把事情做好。我说你们有希望培养出宠辱不惊的优秀人才。比如优秀的政治家、科学家就需要有拿得起放得下、对许多荣辱“不往心里去”的情绪品质。

而有的孩子看起来什么都认真，什么都很在乎，上学出发晚了半分钟都急得哭，怕迟到。这中间就可能隐含了孩子高焦虑的情绪障碍。

了解孩子的情绪特点，可以寻求专业机构测试，得出科学的结论。我建议的专业机构指各高等院校心理学专业机构、三甲以上等级医院的心理学专业机构、省市级以上科研院所心理学专业机构主持的测试。

三 怎样优化孩子的情绪品质

（一）家长先改变自己的坏情绪

一位家长说，孩子上学之初，不适应严格的学校规则，就不想去上学，总是说“爸爸，我今天不舒服，我生病了”。我对孩子不适应学习非常心焦，就忍不住对孩子发脾气，大声训斥他跟不上进度。经过一段时间我感觉发脾气效果不好，孩子内心特别敏感，我的坏情绪直接影响到孩子，反而学习更不主动，错误更多，而且也学会了发脾气。于是，我想我小时候未必比他现在表现好，我自己先放松心情，孩子也不紧张了。这样，我采取好好说话、大声表扬的方法来促进孩子，效果很好，这时候我感到孩子真的是最棒的。家长先改变自己，孩子的好情绪慢慢生长起来。

（二）不做"罪恶的家长"

有的家长老对孩子说："你不好好读书，妈妈不要你了。"这是用"失去父母的爱"来威胁孩子。一年级孩子才六七岁，他们并不为学习差而焦虑，而是担心爸爸妈妈不喜欢自己了。担心失去父母的爱，失去父母的爱，对六七岁的孩子是巨大的威胁，就如我们成人失去生存保证时的那种恐惧和焦虑，这种情绪心理学上叫作人的基本情绪；把这样恶化孩子基本情绪的家长，叫作罪恶的家长。

所以，家长一定不能用"爸爸妈妈不要你了"这类巨大恐惧威胁孩子，不能用恶化基本情绪来换取好分数。无论孩子的学习情况怎样，都一定不做罪恶的家长，以保证孩子正常的基本情绪。这样孩子才可能逐渐生长出好的情绪品质：开朗、乐观、阳光、向上。

（三）谨慎使用"提高焦虑度"

"提高焦虑度"是家长或老师普遍使用提高学习成绩的一

个方法，比如考试前，家长说“你如果考不好，看我怎么收拾你！”“这次若没有进前二十名，不给你买平板电脑了！”“这次再粗心，取消暑假旅游，每天多写一篇字。”……用类似的惩罚条件，让孩子感到压力、增加焦虑，才能集中精力认真考试，提高成绩。

适当“提高焦虑度”是有一定道理的，因为松松散散、毫无压力并不是考试的理想状态。研究和实践证明，有一定的压力和焦虑，考试效果最好。但不等于压力越大越好，孩子越焦虑考得越好。尤其是对一年级孩子，一定要谨慎使用这个方法来提高成绩。

这个问题我单独提出来讲，是因为一年级孩子还经不起持续焦虑的伤害，弄得不好就成了高焦虑，小孩子承受不起。

十多年前我曾接到过一个家长的求助，他认为儿子不知道紧张，所以就用“提高焦虑度”的方法，威胁孩子“如果背不好九九表”“如果字写不好”“如果进不了前三十名”如何如何，甚至还饿过孩子几顿饭，结果没多久孩子晚上做噩梦，梦中突然坐起来大哭，一边哭一边念乘法口诀。他们赶紧安慰

孩子不背九九表了，孩子听到他的声音，更加恐惧，翻着白眼哭喊“我能背，我能背！”家长吓坏了，赶紧抱起来到医院，医生说孩子是受到强烈刺激了，恐惧所致。

家长潸然泪下，何等宝贝的儿子，被自己逼成这样。这位家长对我说，我想好了，他就永远是最后一名，我也无所谓，只要他好好的。我告诉他，你不知道孩子的困难，加上你的威胁，孩子更困难了。你若让孩子好好的平安成长，孩子不会倒退。之后随访，孩子到中学成绩优异，后来考入浙江大学。

英国曾经颁布《儿童十大宣言》，第一条就是“平安成长比成功更重要”，这个平安包括生命平安，也包括心理健康的平安、精神发育的平安。在现代，物质匮乏对人类的威胁已基本消除，而精神发育是否平安的威胁比以往任何一个时代都明显，心理事件已成为现代社会威胁人类的巨大灾难之一，心理疾病导致的人生灾难不断增加。所以家长要记住，从一年级开始，孩子平安成长比好分数重要。

有经验的小学老师在考试前，知道哪些孩子需要敲打，提高一点焦虑度，而哪些孩子需要宽慰、鼓励，降低他们的焦虑度。家长也要这样，了解自己孩子的情绪特点，一定要有针对性。如果孩子是漫不经心、不知道着急的类型，家长可以在考试前适当“敲打”一下，让孩子集中注意力，认真做题。但是对胆怯、退缩、焦虑的孩子就绝对不能使用！

一年级必须养成的三个好习惯

有位五年级孩子的家长，在孩子刚上学时自己忙于生意，顾不上关心孩子的学习，更没重视培养好习惯；等到生意做成了、有时间来管孩子的学习了，可孩子的坏习惯已经养成：听课不专心，写字又差又乱，作业拖拉几个小时做不完，晚上很晚睡觉，早上起不来，成绩还在下降……家长想了很多办法还是纠正不过来。

家长找到我咨询，我告诉她，按一般道理，纠正坏习惯任何时候都不晚，五年级孩子的不良习惯按理也能纠正，但是比起一年级就养成好习惯，现在来纠正的确非常困难。因为六至八岁阶段，是习惯养成的关键期。在这个阶段，无论好习惯、坏习惯，一旦养成，之后很难改变。如果非要改变，所花费的时间和精力是一年级时候养成好习惯的好多倍，难度相当大。

“关键期”是什么呢？是儿童对什么特别敏感，最容易发

展好的某个阶段。例如二至三岁是学说话的关键期，如果这时期没有可以说话的环境，或者孩子耳聋听不到人说话，他们就学不会说话，过了四五岁以后，即使到了有人说话的环境，他们学说话也会非常困难，甚至再也学不会了。

最著名的例证就是第二次世界大战时期在原始森林里发现的“狼孩”。他在婴儿的时候被狼叼走，在狼群里长大，被救回来时大约四岁，可是他学不会人的语言，只会像狼一样嚎叫。原因就是在学语言的关键期，他听到的是狼嚎，没有人类的语言环境，错过了学口语的关键期，即使之后回到人类社会，也很难学会说话了。

人类的儿童阶段有多个发展的关键期，二至三岁是学习口语的关键期，三至四岁是情绪发展的关键期等，自控能力在五至六岁开始形成，学外语的关键期在五至六岁，记忆力发展的关键期在六至十二岁小学阶段，而学习习惯养成的关键期在六至八岁。六至八岁是一二年级阶段，好习惯或坏习惯都在这个时候形成，并固定下来。

习惯非常稳定。研究发现，从小学四年级到高中三年级，学生其他多方面的增长变化都很明显，学习能力、学习成绩的变化很大，理解力、抽象思维能力的发展很快，而学习习惯却并未有多大改变[①]，好习惯很稳定，坏习惯也很稳定。这就是

① 黄甫全主编：《小学教育学》，高等教育出版社 2007，第 91 页。

一年级养成好习惯远比好分数重要的原因。

习惯具有自动性，好习惯天然地抗拒坏习惯，坏习惯也天然抗拒好习惯。所以在一年级这个习惯培养的关键期，养成好习惯花费的时间精力最少，好习惯保持的时间最长，养成好习惯，坏习惯自然无法形成。习惯的威力比我们想象的还要强大！所以，在小学一年级，好习惯远比好分数重要！

好的学习习惯有很多，但在上学之初，有三个很重要的好习惯要必须养成，这三个学习习惯是：紧跟老师的习惯，自己做的习惯，赶紧做不拖拉的习惯。

一 紧跟老师的习惯

“紧跟老师”是孩子课堂学习的好习惯，这个习惯对一年级孩子尤其重要。孩子只有六七岁，离开家长到了学校，一个班几十个同学，孩子怎样才能好好学习呢？紧跟老师是第一重要的，也是最有用的。

孩子上学后，家长要叮嘱孩子紧跟老师，紧跟老师讲的课、布置的作业、安排的活动、提的要求，眼睛、耳朵、行动都要随时跟着老师，才能符合学校的要求，才能完成学习任务。

孩子养成紧跟老师的习惯就能跟上学习节奏。在上课或考试的时候，能紧跟的孩子总是跟着老师的节奏，老师话音刚落，他们就能迅速按照老师的要求去做；而不能紧跟的孩子，大脑跟不上，眼睛盯着别处，耳朵不在课堂里，甚至坐着发呆，

等老师讲完了，见别的孩子开始写了，才慌忙举手说："老师，写什么呀？"

我观察过一年级第一次期末考试，发现孩子"紧跟老师"的差异很大，大约三分之一的孩子跟不上教师的读题（由于识字量有限，小学一年级考试由老师读题），有的孩子耳朵跟不上，还在出神；有的趴在桌上很悠闲，大脑还没进入听读题的状态。就像打排球，对方在发球了，这边还很轻松随意地站着，没有做好全神贯注准备接球的姿势，那就肯定接不住球。

培养孩子紧跟老师的习惯，提醒孩子要紧跟着老师讲的课、老师布置的作业、交代的事情、老师讲的道理，懵懵懂懂的孩子就能逐渐养成紧跟的习惯，逐渐有了“任务意识”，知道自己上学是有任务的。紧跟老师，才能听懂老师讲什么，明白自己该做什么，怎么才能做得好。时间长了，孩子听讲的专注力有了，行为有条理了，好习惯也就养成了。

紧跟老师的习惯非常重要，绝大多数孩子如果上课能紧跟老师，课堂四十分钟就没有浪费，课堂效率高，学习内容孩子都能掌握，课外、周末也就根本用不着去补习功课。孩子才有时间学习琴棋书画，参加体育项目训练。

孩子上学之后有一个重要问题是怎样能做到专心听课，所以这里重点说说一年级孩子“专心听”这个能力的准备。语言能力包括“听、说、读、写”，“听”是其中之一种能力，专心听、仔细听、能听懂。上学后这种能力特别重要。

有家长心想孩子从小到现在就听大人说话，难道还不会听吗？不是的，日常生活听说话与听课不同，老师讲课是系统的、有任务的，要求孩子能听懂内容、听懂任务，才能跟上学习进度，学习成绩就好。

培养孩子能“专心听”的准备。是大脑的准备。用专业的话讲，“当大脑准备好时，它接纳信息的效果就好，大脑的准

①施良方著：《学习论》，人民教育出版社2001，第168页。

备状态可以通过训练得到高度修改。”[①]那么怎样使孩子上课时大脑处于准备好的状态呢？有位家长为了培养孩子专心听懂“任务”，就用“听故事—回答问题”的方法，集中孩子的注意指向，因为听了之后要回答家长听到的是什么，孩子就听得很专心，这样提高孩子听课时捕捉任务的能力。家长还可以用“听—动转换”的方式，事先告诉孩子，听了故事之后要照着这个做一件事情，这样也能促使孩子专心听，听过之后记得住。这些方法都值得家长们参考运用。

二 自己做的习惯

自己做的习惯非常重要，只有孩子自己做，才能培养起独立学习的能力，才能成为有条理、动作利索的孩子。在家里动作利索的孩子，在学校才能快速跟上老师的要求。比如准备文具，能否养成自己收拾好书包、文具的习惯，关系到孩子在学校能否好好上课。

我有一次曾经观察过一年级上期的期末考试，老师开始读题了，有的孩子还在找铅笔，还有孩子下座位围着桌子转，不知道铅笔掉到哪里去了。一个坐最后一排的男孩，文具盒“啪”的一声巨响，掉在地上，全班孩子都一惊，回头去看。孩子手忙脚乱地捡起文具盒，放到桌上又压住了试卷，慌作一团。等弄好了文具盒，孩子才松一口气，拿起铅笔答题，又不知道老师读的什么，赶紧举手，老师又单独给他读一遍，而进度早已落在全班后面。一看就知道这是家长包揽太多、不会“自己做”的孩子。问题出在教室，原因却在家庭。

在一个班里，能紧跟老师、动作利索、写得又快又好的孩子，在家里都是自己的事情自己做。有个孩子说他有个同学在教室经常帮同学收拾没放好的衣服、书包，带着同学去领午餐，俨然是班里的小能人。他说四五岁就开始自己洗头、洗澡、收拾文具了，家里有保姆，妈妈就要求他吃完饭把自己的碗洗了，说“自己的事情自己做！”这样的家长就很有教育眼光。

“自己做”，既是培养独立性，也是学习能力的生长。独立学习是很要紧的学习能力，自己完成作业，自己检查作业，不懂就问、就动手查阅，靠自己去弄明白不懂的东西等，就是学习的好习惯。所以从孩子上学开始，培养孩子“自己做”的学习习惯。

有的家长喜欢给孩子当拐杖，孩子的作业也大包大揽，每道题都要一一讲解，结果孩子到三四年级还不能自己独立完成作业，非得家长仔细讲解才行，这很有害。拐杖只是在需要的时候才用，好好的双腿也每天拄着拐棍，不光多余，还妨碍孩子好好走路，快速奔跑，有害而无益。

三 赶紧做（不拖拉）的习惯

不拖拉就是该做什么的时候就做什么，利索、不拖延。比如按时睡觉、起床、锻炼，完成某项任务，独立作业等，不拖拉才能适应上学的节奏。

有的孩子起床动作慢，总是拖拉着出不了门。我还看见过孩子上学路上一边走、家长一边喂饭吃的情形，到学校门口还没吃完，家长又不能跟进去，孩子就不肯吃了，一溜烟跑进学

校里去了。家长叹气不已，担心上午四节课孩子要挨饿。还有孩子吃饭要人喂，一边玩着平板电脑，时不时还嫌喂饭挡住了自己，乱发脾气。诸如此类。

敦促孩子“赶紧去做”的关键，是家长的要求和指令必须明确，不讲多少道理，更不能让孩子讨价还价。如果孩子拖拉着不去做，家长就再一次重复坚持要求孩子赶紧去做到，没有条件可讲。

有位母亲介绍经验就谈到了这一点的重要性。家长提要求之后若并不坚持，孩子就会认为这是可以不用赶紧去做的事情。比如按时睡觉，这位母亲坚持要求孩子到时间就立即去做到，不讲任何条件，孩子就知道了这是必须赶紧去做的事情。这样坚持一段时间，孩子就养成了按时睡觉的习惯。

孩子拖拉的坏习惯是养成的，主要是家长的教养方式不妥、无章可循、无原则迁就等。比如，上学路上跟着孩子喂饭的家长，说是担心孩子迟到，而这就是问题的关键，“不迟到”是孩子上学应该做到的，家长却揽过来成了自己的事情，追着孩子喂饭来防止迟到。家长这样只能让孩子更加不能独立，动作永远都不利索。

大部分学习的拖延症就是这么来的，非要拖拉到了期限才赶紧做，双休日的作业一定要拖到周日下午、晚上才做，寒暑假的事情一定要拖到开学前几天才着急地赶，处处被动。而且拖拉的习惯很顽固，可以一直跟着孩子到中学、大学甚至到职场，一辈子都是拖拖拉拉的。

四　怎样培养孩子的好习惯

家长怎样培养孩子的好习惯呢？培养紧跟老师的习惯、

自己做的习惯、不拖拉的习惯呢？最有效的做法是从学前就开始，在幼儿园大班的时候，先从生活习惯开始，到时间了自己按时去睡觉，然后早上自己起床自己洗漱吃饭。这个时候，因为还没有上学的压力，所以家长可以给孩子比较宽松的时间去做，有一年的时间孩子基本上就养成了习惯，上学以后主要就是养成听课、做作业的好习惯。如果学前家长没有重视好习惯的养成，从一年级开始也能做得很好，关键是家长要花一些时间和精力。那么，培养好习惯家长要注意些什么呢？

（一）要“每天如此”

在古时候，“习”与“惯”是两个词。“习”的意思是小鸟一次次地练习飞翔；“惯”的意思是习以为常、重复多次成了天性。学习习惯就是和学习有关的习惯，它分为两部分：一部分是学习本身的行为习惯、用脑习惯，例如听课、作业、复习、检查的习惯；另一部分是与学习有关的生活习惯，例如睡眠、饮食、体育锻炼、作息等习惯。

习惯养成是大脑神经的某种活动经过不断重复，就固定下来，形成以后不再受意志的支配，不需要努力就会自动发生，所以习惯的驱动力很强大。培养孩子好习惯的方法，就是根据这个道理：重复、再重复，“每天如此”，直到成为自然而然的习惯。

习惯养成主要不靠家长的讲道理，而是以重复为主。孩子的上学生活是重复的，每天如此：每天、每周、每学期、每年地重复，然后固定下来，成为习惯。事情就是这样简单。所以家长要坚持这个“每天如此”的重复，“习以性成”，好习惯就养成了。

心理学家强调，坚持重复，“始终不要有例外，一直到习

妈妈，我今天可以先玩再写作业吗？
不可以！

惯形成为止”，除了非常特殊的情况，不能“今天算了”，不要破例，因为“每一回破例，就像让你辛辛苦苦绕起来的一团线掉下地一样，一次滑到地上放松的线圈，比好多次缠绕上去的时间还要多，不断重复是使神经系统形成固定模式的重要法子”。[①] 所以立好的规矩就不轻易变动，使规则发挥“自动重复”的功能。

每天如此就是一定不要有例外,除了孩子生病等特殊情况。这很大程度上是要求家长能够坚持，要做到这一点家长要克服很多困难。比如家长职场的特点就可能有困难。一位妈妈很重视孩子的习惯养成，孩子上学后每天都亲自督促孩子的作息习惯、写作业的习惯，效果很不错。但因为工作性质她经常出差，有时候几天都不在家里，她不在家里的时候，孩子早晨就不能按时起床，起床以后也不能很利索地洗漱、吃饭、按时出门上学，之前开始形成的好习惯基本上前功尽弃。这位妈妈不知道怎么办。其实类似的情况职场妈妈都可能遇到。那么怎么才能坚持“每天如此”，直到好习惯养成呢？最好的做法是其他家庭成员参与其中，就不会“断档”，例如孩子的爸爸、祖辈参

① 黄甫全主编：《小学教育学》，高等教育出版社 2007，第 89 页。

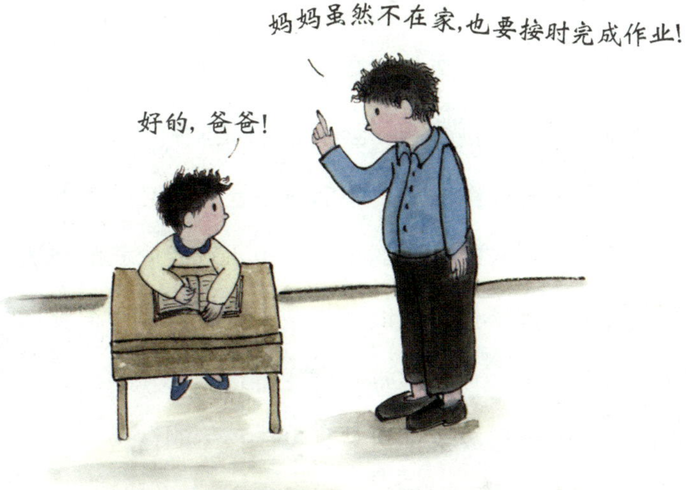

与也是很可行的。不要简单化地认为祖辈就一定是溺爱、迁就，懂得了习惯的重要性，全家重视、协同起来，坚持一段时间，直到好习惯养成。

（二）要“温和地坚持”

孩子上学后，起床、睡觉、一日三餐、写作业、收拾文具、阅读等学习，都要在家里养成。孩子只有六七岁，缺乏自控力，不能完全依靠自觉、自我约束来养成习惯，在一年级阶段，家长和老师的外部督促起着非常必要的作用。

温和地坚持，强调的就是两点：一是要坚持，二是要温和。培养孩子的习惯，需要家长耐心地坚持要求孩子去做到，不需要讲道理，更不能喋喋不休地劝说，就是坚持“你必须去做到”，让孩子明白没有条件可讲，不能讨价还价，必须去做到。

坚持孩子“去做到”的过程，也不需要家长的严厉。孩子刚刚上学，如果家长声色俱厉，孩子会很害怕、很委屈，很不适应，想不通怎么一上学妈妈就变得这么凶。“温和地坚持”好处很多，不会造成亲子对立，也让孩子明白这件事情必须要做到。在一个好的心理环境中，孩子更能接受家长的要求。更重要的是，温和地坚持的原则，才能营造出适宜孩子学习的家庭氛围，否则有可能每天早上不停地催促上学，每天下午不停地催促写作业，所有家庭成员都被大量的消极情绪包围，家长怒气冲冲，焦头烂额，孩子惊恐不已，一边哭一边写作业。所以，“温和地坚持”才是养成习惯的好方法。

孩子喜欢磨蹭怎么办

一年级家长遇到的最大困难是什么？一份调查显示，46%的家长认为“孩子写作业磨蹭、动作磨蹭”是最大的难题，而且“无法解决”“想了很多办法，解决不了”“不知道怎么办”“希望能有人指导”。孩子的磨蹭是家长最头疼的事情之一。

磨蹭的特点是什么，磨蹭的特点有二：其一是行动迟缓，其二是做事拖拉。

有家长说：“孩子在学前就拖拉，整天东一趟西一趟，坐不下来。早上起不来，因为上幼儿园可以晚一点，我们觉得孩子还小，磨蹭一点也没在意。好习惯没养成的结果，这都读四年级了，仍旧是个磨蹭的孩子。磨蹭对学习的危害太大了，还不知持续到什么时候。”的确，我在四五年级的教室里，依然可以看到不能收拾好自己书包的孩子，文具、课本到处找，还需要动作利索的同学帮他们拾掇。

有的孩子动作太拖拉，到音乐教室上课或者到操场上体育课，到那里已经上课五分钟甚至十分钟了。下课以后回教室，又要比其他孩子晚。

写作业磨蹭，早上起床洗漱磨蹭，动作迟缓，被动的学习状态，危害孩子的学习能力生长。由于磨蹭孩子总是跟不上学校节奏，家长着急，孩子害怕，就成了一个家庭的焦虑源，家庭气氛经常处于紧张状态。有家长说，孩子早上出门上学了，自己也差点筋疲力尽，甚至一天的好心情都没有了。

按理讲，六七岁孩子不应该是磨蹭的孩子，因为从二三岁开始，他们就喜欢说“我来”“我来”，对自己不会的事情都很好奇，总想去弄清楚。不会做的事情他们都会好奇，想去做，比如写字，这个字不会写，孩子就应该是“我来写”“我来写”的样子，为什么却变得动作迟缓，不想写字了呢？起床洗漱，收拾书包……怎么会是拖拖拉拉的样子呢？

很多家长想了不少办法，希望解决孩子的磨蹭问题，有的家长用奖励，有的家长用惩罚，有家长说：“我们晓之以理，动之以情，没效果，就恐吓他如果再拖拉，就赶出门去不要他了，看起来有效果，可是孩子担心被赶出去的可怜劲儿，扎得我们心疼又自责，深感这真不是办法。”那么是什么原因导致孩子磨蹭？孩子磨蹭家长又怎么办呢？

一 孩子的时间概念很模糊

一位一年级的班主任在家长会上告诉家长，孩子磨蹭的原因，是缺乏时间概念，六七岁孩子的时间概念比较模糊，不知道五分钟和十分钟的区别，也还没有一个小时与半个小时之间长与短的区别感。比如课间十分钟，有的孩子就不知道十分钟能做多少事情，要做哪些事，下课就没去厕所，快上课了才往教室外面跑，结果来不及了，只好憋着继续上课，有的孩子憋不住还尿裤子，都是时间概念模糊的表现。

在家里，孩子更不知道着急，一个家长说，告诉孩子只有几分钟了，要赶快，但他还是不慌不忙地，动作很慢，好像时间和他没关系。

那么怎么让孩子有清晰的时间概念呢？

提高时间知觉能力，家长要让孩子体会时间的长短，五分钟是多久好像有点抽象，让孩子动笔试试五分钟能写几个字？十分钟能写多少字？十分钟可以在操场跑几圈？二十分钟可以跑几圈？这样孩子就逐渐有时间的具体概念了。

有位家长给孩子讲故事，快上班的时候，就有意识地给孩子做示范，看看时间，说“还有五分钟我必须去上班了，到时间提醒我准时出发，不能迟到了”。再如讲故事的时候，告诉孩子今天我讲十分钟，讲一个长的故事；到下次就讲五分钟，讲一个短一点的故事，这样来加强孩子的时间概念；也可以和孩子说：“现在我们做一件事情，争取五分钟做完。”具体落实到写作业的时候。告诉孩子，做二十分钟的作业，大概能完成哪些任务。这样让孩子慢慢感觉不同时间的长短。

二　孩子缺乏动作训练

有个一年级孩子很磨蹭，动作总是迟缓拖拉，完全不能跟

上课堂节奏，从教室到音乐教室上课、到操场上体育课，要花二十分钟的时间，特别磨蹭，换上运动鞋要花十分钟不止。老师和家长说，现在没有给他记迟到，等他先适应一段时间，你们在家里要加强动作训练，下学期如果还跟不上节奏，学习会很成问题。

有的孩子起床动作慢，早上起床穿衣、穿鞋都是家长的事情，磨磨蹭蹭出不了门，洗漱、收拾书包就更不行了。

我问这个家长怎么上个学弄成这个样子？上学可不是这样上的。家长说孩子在家里吃饭还要人喂，他自己一边就玩着“平板”，时不时还嫌喂饭挡住了自己玩平板，还发脾气。

孩子磨蹭与家里动作训练不够有关，有时候看起来是孩子磨蹭，实际上是动作协调差，快不起来，做事不利索、动作迟缓，不能按时睡觉、起床、写作业，这些原因导致孩子上学后，跟不上学校的节奏。比如看起来孩子写字磨蹭，实际上是孩子手指协调性差，写得很慢，加强孩子的动作训练，提高协调性，提高速度，就可以克服磨蹭。

具体怎么办呢？动作训练的唯一方法就是让孩子自己动手做。从幼儿园中班大班开始，坚持让孩子自己穿衣、洗漱、吃饭、收拾书包、洗头洗澡，训练动作协调、提高动作速度、训练做事情的条理性。对孩子生活大包大揽的家长，是在毁孩子，让孩子根本跟不上学校的节奏。

三 家长教养方式导致孩子磨蹭

（一）家长唠叨，会导致孩子磨蹭

孩子磨蹭的坏习惯是后天养成的，家长不正确的教养方式，直接培养了孩子磨蹭的坏习惯，而且家长自己可能并没有意识到孩子的磨蹭，是自己“培养”的。绝大部分磨蹭的孩子，都有一个唠叨的家长。有家长说孩子磨蹭自己才唠叨，其实是因为家长唠叨，孩子才磨蹭。

有位年轻妈妈告诉我，孩子磨蹭得很，她必须使劲催促才行，太费力了。孩子早上起床到出门上学，她大约要念叨几十次“快点！”快穿衣、快刷牙……反复念叨、催促，等孩子上学去了，自己已经累得不行。

我告诉她“是你唠叨孩子才磨蹭”。她说怎么可能？如果不催促，孩子的动作更慢。我告诉她，你不知道被唠叨的感觉才这样说。我建议她录下对自己说的几段话：“你要耐心教育孩子”“你不要唠叨”“你要好好说话”“你要重视和老师沟通”“你要做出示范榜样”……在同样长的时间中播放几十次，你就知道孩子的感受了。

这位妈妈照着去做了，才知道孩子每天忍受的唠叨，她说难怪孩子要拖拉，这样不停的唠叨，会让人窒息的。于是家里再也没有她的唠叨，家长先改变了自己，从此孩子也就逐渐好起来。

家长不要把一年级孩子想得那么弱，其实孩子潜在的自主能力是很强的。一个男孩子每天早上总是要被家长催个不停，我提醒家长说，你注意一下，孩子从起床到出门这段时间，即使你在催促他，他自己看时间有几次？第二天家长告诉我，孩子一直在看时间，最后一次看过时间，跳起来拿书包、穿鞋的动作都是飞快的，然后冲出门上学了。家长兴奋得难以置信，孩子原来又这么能干啊！差点被我埋没了。

家长感慨说自己之前就知道心里着急，不停地催促他，完全忽视了孩子的自主能力。后来家长逐渐放手，孩子自己掌握

时间，早晨上学的一套动作很利索。孩子说“妈妈不催我，我动作就快些”。

（二）要求不合理也导致孩子磨蹭

有位家长督促孩子认真学习，只看时间多少，总是说不到三十分钟、一小时不准出去玩。这样的结果，孩子就只能拖时间，磨磨蹭蹭到点。这是家长不合理的要求导致孩子的磨蹭。

还有家长见孩子完成作业时间还早，就要加任务。这也是导致孩子磨蹭的做法。快速完成作业是家长要万分珍惜的事情，如果加任务，会让孩子感到没有希望。有个孩子是学校棒球队的主力队员，但他写作业总是又快又好，原因要归功于他的家长，他妈妈非常重视学习效率，她在介绍经验的时候告诉其他家长：把“写二十分钟”改为“做二十道题”，写完作业后时间都是孩子运动、游戏、玩耍的时间，这样孩子根本不会磨蹭。

家长苛刻的要求也会导致孩子磨蹭。有个孩子动作非常慢，考试试卷经常只能完成三分之一。究其原因，家长在她上学以后，提出异乎寻常的严格要求：握笔必须是倾斜 15°，每一支铅笔都得整整齐齐地摆放在桌上；如果有一点没有写好，必须擦掉重写，有时候写一个字，要擦掉重写十几遍，所以考试的时候孩子也是这样写试卷，当然就做不完考试题。看起来是磨蹭，其实是家长不合理要求导致的低效率。

四 人为制造的孩子磨蹭

（一）家长简单化的强迫导致的磨蹭

一个孩子早上起床、洗漱都很利索，唯独吃早餐的时候磨蹭得不行。满满一碗麦片家长不停催促，孩子愁眉苦脸，总是

在想办法不吃，家长发火说不行，孩子有时候是含着眼泪吃完麦片的，背上书包孩子还在抹眼泪。原来孩子不喜欢吃麦片，不喜欢还得每天吃那么一大碗，所以吃得很慢，而家长规定必须吃完满满一碗，所以孩子吃麦片很不情愿，磨蹭也是这样形成的。

孩子只有六七岁，如果不喜欢吃又必须吃的饭菜，家长就要想办法改变口感，让孩子喜欢吃，问题就解决了，不能简单化，人为制造孩子的磨蹭。

后来家长就加上孩子喜欢吃的儿童肉松，同样满满的一碗麦片孩子很快就吃完了。还有磨蹭吗？没有了。这些很简便的方法，家长要学会掌握。

（二）不留书面作业就不存在的磨蹭

一年级孩子写作业磨蹭的问题，原因往往不在孩子，而在家长，在学校的不合理要求。孩子才六七岁，他们不可能对自己不能胜任的事情，充满希望和热情，更不可能迅速完成。

一年级孩子只有六七岁，上了一天的学，他们的大脑真的已经很疲惫了，唯一需要的是好好放松，恢复精力，才能在第二天精神饱满地上学。所以教育主管部门有规定，一二年级不留书面作业，目的是为保证孩子放学后能够有充分跑跳、游戏、玩耍的时间。

如果放学后还得坐着写作业，“磨蹭”就是一年级孩子正常的疲劳反应。我看到有调查案例，一年级的一个班，孩子写作业快的要到晚上九点。写得慢的要到晚上十点以后！这个时候孩

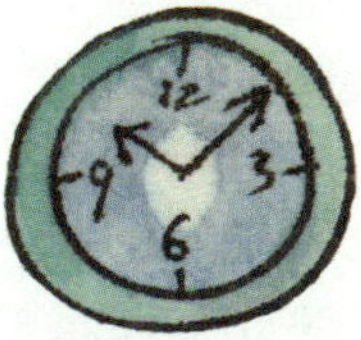

子已经极度疲惫，哪里是磨蹭的问题？

有的学校的确没有布置书面作业，按理说没有作业就没有“写作业磨蹭”，可有的家长见没作业自己心里就不踏实了，于是就送孩子去补习班，孩子就得继续坐着学习，不但不能得到放松、恢复，反而更加疲劳。这是家长人为制造的磨蹭了。

那么对于人为制造的孩子磨蹭，家长怎么办呢？

第一，如果学校布置书面作业不符合相关要求，这种情况家长一定要向学校反映情况，当作业与身体健康冲突的时候，请家长们牢记：身体第一！这是没有讨论余地的。

虽然类似问题解决起来难度较大，但是总得想办法才是积极的态度，不能老是抱怨。有位家长遇到这种情况，很客观地向老师反映，作业太多，影响孩子的睡眠、运动时间，而且孩子写字写到后来是在赶时间，根本没法好好写，反而草率成了习惯。老师和学校根据各方面的意见，向家长宣布了学校的决定：一二年级不留书面作业，手工、网络等作业到晚上八点五十分没有完成的，不用完成，必须九点睡觉，家长们非常感谢这个学校的科学态度。

第二，多参加运动，能解决孩子磨蹭的问题。一年级的孩子放学后最需要的是充分的身体活动，所以能参加学校体育项目训练的孩子，一定要参加；而下午三点放学回家的孩子，最好的补习，就是充分身体活动的补习班：体育班、舞蹈班、音乐班，否则孩子得不到放松，疲惫不堪，情绪恶劣，效率很低，很快进入恶性循环，做事拖拉，动作迟缓。这并不是孩子磨蹭，而是疲劳得不到消除、做事效率很低。

归纳起来，时间概念不清的孩子，显得磨蹭；动作不利索的孩子，肯定磨蹭；疲惫的孩子，本能地磨蹭；不懂怎么做的孩子，只好磨蹭；被家长唠叨的孩子，大多数都磨蹭。

有的家长说自己也是比较磨蹭的人，做事情都存在“拖延症”。要完成的任务总是要拖到最后非做不可的时候才有动力－

不得不去完成它。一般来说，“拖延症”与童年时候完成学习任务的习惯方法有关。如果孩子在上学阶段获得比较强的学习胜任力，那么他就能比较有效地克服磨蹭，克服拖延症。

好的学习方法从有条理开始

在我对小学六年级孩子学习方法的调查中，发现“杂乱无条理”，不少孩子上学六年，还不会有条理地读书学习：课本文具随手堆放，书桌上乱七八糟，书包里的课本、彩色笔、袜子、点心混在一起；孩子时时都在找东西，上课了还在书包里乱翻，找不到课本，要写字了找不到笔，要交的手工作业忘在家里了……孩子每天找东西的时间比学习的时间还多，所以孩子的学习状态就是思路凌乱，心情烦燥，好像很难坐得下来、静得下来。

小学一年级阶段最重要的事情是学习习惯、学习兴趣（喜欢上学），还有就是学习方法。好的学习方法才有好的学习效果，才能有效学习、高效学习。所以，家长要从一年级就开始，让孩子开始学习如何掌握好的学习方法。

那么教孩子掌握学习的好方法，从哪里开始呢？从“有条理”开始。

一 为什么要从“有条理”开始

小学一年级阶段也是培养“条理性”的关键期。这个阶段儿童对“秩序”很敏感、对细节敏感、对手的动作敏感等。[①]孩子对家里的细小变化很敏锐，比如桌上多了一个杯子、自己书桌上摆放的顺序和昨天不同、小雨伞没挂到伞架上，叠好的袜子和衣服放到一起了……这时候他们就会“固执”地一定要放回原来的位置，好多孩子的玩具看起来乱放在一起，其实在他们心里都是按秩序放的。

我曾经从一个孩子抽屉里拿出一个乐高零件，之后顺手放到桌上的一堆乐高里，小男孩马上拿起来放进原来的抽屉里，

①单中惠：《西方现代儿童观发展初探》，载《清华大学教育研究》2003（8）。

说“这个是放这里面的”。然后说放这里面的都是一个故事人物。我很吃惊，五六岁的男孩子，一两千个零件，他放得那么有条理，记得那么清楚，这比收拾书包难多了。

这种秩序感就是条理性的基础，在秩序感的基础上培养孩子有条理的学习习惯，效果特别显著。一年级孩子刚刚上学，教他们读书写字有条理、整理桌椅有条理、收拾书包文具有条理、安排自己的作业有条理，是最佳时期。孩子此时奠定凡事“有条理”的基础，将一生受益。

我们古人也发现了这一科学规律。《弟子规》是

古代训练小孩子读书“有条理”、行为有条理的规定，“房室清、墙壁净、几案洁、笔砚正，墨磨偏、心不端、字不敬、心先病”。意思是说读书习字，书房要整理好，墙壁干净，书桌洁净，笔墨纸砚要摆放端正，墨没磨好，是心还没端正，写字若不恭敬，是没专心学习。所以，从整理桌椅笔纸开始，训练孩子有条理。

比如教孩子收拾书包、整理桌面，第二天上课要用的书本放哪里、文具盒里铅笔放哪里、橡皮放哪里、水杯放哪里；书包里不用的东西如点心、水果拿出来；整理桌面，把无关的东西收进纳物箱，拿出书本开始写作业……前后也只需几分钟，坚持十天半月的时间，孩子就能基本学会“有条理”。

读书写作业的条理性更加重要，越到高年级，内容越多、越复杂，就越需要大脑的条理性。在一年级，孩子写字就要有条理性。比如老师布置的作业，先写字然后组词，一个字写三遍之后组一个词。有的孩子就不按顺序写，他要先把所有的字写完，然后又从头到尾去写组词，这不光是写作业的前后顺序问题，而是条理性不够。比如，“放”这个字与“放学”这个词是内在连贯的，“放”字写完三遍的时候，用“放”来组词就是连贯的、有条理的，孩子在写字的时候。就已经想好了要组一个什么词，字写完了紧跟着组词也顺着写完了，然后再写下一个字，这样就很有条理，而且是用脑很有条理。

二 教孩子“一次做好一件事情”

有条理的学习还应该从“一次做好一件事情”开始。先做什么、再做什么，安排好了，一次做一件事情，才有条理。这需要教孩子学会盘算，有的孩子在放学路上就盘算好了自己回家后做事情的先后顺序，家长也可以用放学路上这点时间，提醒孩子想好回

回家怎么安排？
我要先写作业、
做手工、吃饭，
然后整理书包……

家后的安排，怎样“一次做好一件事情”。

家长可以先和孩子说，今天的作业有哪些，我们先做什么、再做什么，你自己安排试试看。最后的结果可能让家长很惊喜，孩子真的能够一件事情一件事情地依次做，而且也做得很好。

一年级孩子刚上学，还不会管理自己的学习任务，也不知道先后顺序，体育训练的时候不专心，想到还有手工没做，做手工做到一半，又想起跳绳的任务没完成，放下手工到楼下练习跳绳；一个小男孩放学后心里就慌慌的，一会儿要问，“妈妈，是不是还有心算题”“妈妈，是不是还要做手工”“妈妈，看看老师还在手机上发了什么作业”？孩子之所以这么焦虑，实际上是没有学会有条理地一次做好一件事情。

有的孩子即使已经上学半年多了，写作业还是心神不定，语文作业写了几笔，觉得可能英语读起来轻松些，于是丢开作业本跑去读英语，但发现有些不会读，就又跑回来写作业，就这样慌慌忙忙的，结果两件事情都做不好，耽误了很多时间，孩子自己也很沮丧。

孩子才六七岁，所以家长要教给孩子怎么去做。一位妈妈很巧妙地用《弟子规》教孩子怎么“一次做好一件事情”，孩子在学前背诵过《弟子规》，于是这位妈妈叫孩子大声读给她听，“方读此，勿慕彼，此未终，彼勿起”，然后妈妈说知道是什么意思吗？意思是说读书写作业时，这件事情没做完就不去想着那件事情，一件事情做完了，再开始做另一件事情。写字就专心地写，不去想数学还没做；也不能作业还没做完，又去练钢琴。她还告诉孩子，写作业的时候东张西望，那是一个坏习惯，写作业时眼睛只看书和作业本，就不会又想起另外一件事情来。

三 有规矩，孩子才有条理

有条理地学习，需要家长给孩子订立规矩，学习是孩子的责任，不要弄成家长的事情。比如作业是先做后玩还是先玩后做，这是可以定一个规矩，没有特殊情况就照办；晚上睡觉时间是九点，那么八点过了就开始洗漱，在床上看一会书，就睡觉；照规矩办，就很有条理。

如果没有必须的一些规矩，孩子无章可循，就会杂乱无章，有的孩子喜欢与家长讨价还价。比如提出说今天我要晚半个小时睡觉，而家长还真的去“还价”，说不行，最多10分钟，争执一阵，无原则让了步，坏了规矩，也浪费了时间，更坏的结果是破坏了规矩。比如：孩子该睡觉了就开始折腾；该做作业的时候，就开始动脑筋怎么能晚一点再做；该去游泳了，开始盘算用什么理由不去……家里如此缺乏规矩，孩子就在这样的拉锯战中，变得对抗、耍心思、没有了章法，哪里还有条理性呢？

有位妈妈在孩子上学之初，就开始培养孩子“有条理”地写作业。孩子刚上学，放学后很多新鲜事情要告诉爸爸妈妈，刚写了几个字，就放下笔说，“妈妈，我给你看数学书上的一道题……”这位妈妈说：先写字，字写完了再看，孩子坐

下来继续写。一会儿孩子又想起什么，说“妈妈，今天老师说要跳楼梯，我们下楼有多少梯？”这位妈妈说：“该写哪个字了？”“这个字怎么组词？”不动声色之间，拉回孩子的思路。放学后可能有两种作业要完成，所以家长要教孩子有条理性，一次做好一件事情。

之后告诉孩子，我们约定一个写作业的规矩，一次做好一件事情，要坚持。做不到的时候妈妈提醒你。没用多长时间，孩子学习的条理性越来越好，为其他好的学习习惯也打下了好基础。

怎样防止孩子粗心

在我接触的中小学生学习的咨询案例中，从小学一年级到高中大学的学生，都存在粗心问题，平日的作业、测验，孩子要么把加号看成减号，要么把数字看错，也有把题目看掉、一道题只做了前半截的；或者难度大的题不错，简单的题一定做错。家长很感头疼却束手无策，即使反复叮嘱孩子“细心！”“认真一点！”效果都不好，而且这一类粗心反复出现。就连至关重要的高考、中考也有学生粗心大意，把作文题看错了，作文分全被扣；数学题算对了，写到试卷上却写错了……以致孩子痛失自己心仪学校的录取通知书。就是在大学，也还有学生考试只看到前半截、只做半道题的。

粗心问题在一年级还并不是很迫切的问题，因为一年级孩子面临的主要问题首先要适应上学，养成好的习惯，但是粗心的根源是从一年级就开始的；所以我把这个问题也放在一年级前后来讲，让家长从一年级开始注意关注粗心问题。那么粗心是怎样发生的呢？小学生粗心的原因是什么呢？我认为有如下几类原因：身体因素、习惯、智力活动特点、情绪、自控力品质、外在因素等。

一 身体因素方面

孩子粗心的原因，家长首先要考虑身体的、生理的因素。大脑是生物器官，需要足够的生物条件才能好好工作，如果睡眠不足、营养不足、大脑获氧不够、能量不够，就不可能高质量地工作，粗心必然发生。六七岁的儿童尤其如此。

（一）睡眠不足、营养不足

大脑的重量只占据人体重量的 5% 左右，但是它消耗的氧却占 20% ～ 25%，脑力劳动消耗更大。睡眠的作用是修复、恢复肌体，尤其是补足大脑的消耗，如果睡眠不足，大脑很难有精准判断，会漏掉信息、会混淆差别，甚至犯看似很简单的

错误，更不可能高效工作，

营养方面。孩子上学以后，大脑能量的消耗大幅增加，如果营养没有跟上，大脑活动同样能量不足，比如早餐没有好好吃，上午到第三节课就饿了，怎么会专心听课？计算怎么会不出错呢？即使孩子主观上很努力，也会心有余而力不足。

所以孩子必须养成规律的生活作息，才能保证睡眠充足，按时起床，按时睡觉，没有条件可讲。营养方面，家长要提供给孩子充足的营养，并保证膳食平衡，特别是有益于大脑的营养。比如富含维生素 B 的蔬菜，可以预防大脑疲劳；大豆含有蛋黄素和丰富的蛋白质，可增强记忆力；牛奶、鲜鱼、海鱼

富含蛋白质和钙质，可提供大脑所需的各种氨基酸，增强大脑活力；鸡蛋的蛋黄含有蛋黄素等脑细胞所必需的营养物质；核桃、杏含有丰富的维生素 A、C，可有效改善血液循环，保证脑供血充足；以及含有多种维生素和矿物质的食品。

（二）视觉加工不足、听力障碍

视力和听力的问题也是粗心的原因，孩子的视觉加工能力落后于年龄阶段水平，视觉扫描书面符号信息的时候，容易看错符号，跳行、错行；还有就是眼手配合不足，训练不够，看到的与写出来的不一致，抄写就出错。视觉记忆不足也是出错的原因，刚刚看过的数或字词，转眼就记不准确，写错了；计算正确的结果，写出来却是错的。

听力有轻微障碍的孩子，由于听力不稳定，听课、听题也不稳定，在完成作业的时候容易出错，总是似是而非的，自己也搞不清楚。轻微的听力障碍不易被察觉，但家长要把这些因素考虑进去，首先确定是否病理因素引起视力、听力等问题，查明身体方面的因素，及时治疗矫正。

二 智力活动方面

智力活动包括感觉、知觉、思维、记忆，粗心反映的是思维的逻辑性、缜密性、条理性的不足，还有知觉的细化不足、秩序性不够等，所以粗心问题归根到底还是大脑的智力活动质量的问题，这几个方面的训练不够，就会导致智力活动质量不高。

（一）听、说、读、写的基本训练不够

一年级开始的基本训练“听说读写”，家长要重视是否扎实。比如字词掌握需要能听懂、能读出、能说出意思、能写，是需要经过一定次数的重复练习才能达到的。练习的“习”字，就是“鸟一遍一遍练习飞”的意思。有的家长认为能认得就行了，多写几遍就反感，认为是加重孩子

负担，殊不知恰恰是练习不够，没有真正掌握，要么听错、要么读错、要么笔画错、要么词义错，家长还以为是“题目是孩子会的呀，就是粗心”。

基本训练不扎实，基础知识掌握就不扎实。比如 3+2 等于几，成人随口就能答出来一定不会错，但一年级孩子就可能错，因为他们还没熟练到自动反应。基本训练扎实，基本知识就能达到自动反应的程度，也就不存在粗心的问题。比如，成人对九九乘法表的熟悉也达到自动反应了，就不会有“三七二十二”的粗心。

有的家长轻视“粗心”，忽视基本训练，认为粗心只是“大意了”，并非孩子不懂、不会做，所以没有当回事儿。还有的家长甚至带有炫耀地说，“我那孩子越是难度大的题越不会错，越是简单的题越容易错。”“我孩子好笑得不得了，全班都不会做的题就他一个人做对了，最简单的题，全班都做对了，他算错了。”这也许是事实，但家长此种态度有问题，至少，在无意间赞许、强化了孩子的粗心，甚至强化了孩子基础不扎实的毛病，也显得家长的教育心态有些“浮”，不应该提倡。

对于这个问题，还需要进一步说一下。撇开家长的心态，单讲“做难题不会错，简单的题容易错”这种类型的孩子，客观上讲很可能是成为高才生的苗子。比如，一年级的孩子已经可以解答趣味数学中“鸡兔同笼”一类的难题，这类孩子的思维特点很可贵，越是困难的内容，他们越有兴趣，大脑越清晰，越是全神贯注，而简单容易的内容，他们的大脑兴奋不起来，也就不经意地处理信息，乃至出错。

这类思维特点的孩子客观上会少量存在，我要强调的是家长的理性和沉稳，不能随意强化忽视简单内容的答题特点，因为这其中的分寸并不容易把握，弄得不好会把重要的基础的东西视为简单容易的内容，基础知识不扎实，掌握不牢固。在中学有部分学习不错的孩子成绩总是不稳定，总是大起大落，就与基础不扎实有关。

（二）短时记忆还不够稳定

什么是短时记忆呢？平日我们临时记一个电话号码，记下了然后拨打，之后并不需要记住这个号码，这种记忆就是短时记忆。孩子抄写字词或算式，就是短时记忆。由于短时记忆不稳固，在黑板上、书上看到的是 5+6，转过头写在本子上就成了 8+6，“b”写成了“d”，有时候打草稿算对的数，抄在试卷上就错了，这种情况与孩子大脑神经发育还不够成熟有关，也与训练不够、方法不够有关。

对短时记忆的训练，在抄写数字或字词的时候，通过小声地读来帮助巩固知觉记忆，这样“68”就不容易写成“86”，就像平日买东西付钱的时候，营业员要大声报一下“收100元”，用语音来巩固对数字的短时记忆，不会记错钱的数字，避免与顾客可能发生的争执（说不清是100元还是50元）。

孩子才六七岁，短时记忆不稳定是正常的，我们成人有时候记一个电话号码也会记错，对一年级的孩子，家长需要做的，就是耐心促进、耐心等待。

三 学习习惯方面

（一）条理性差，动作不利索

有时候孩子粗心并不是智力有问题，而是学习习惯不好，听课、作业跟不上老师的节奏，动作不利索，没有条理性。还不会准备好第二天要用的文具，放到固定位置，上课时耳朵到课堂、眼睛到课堂、心到课堂，这样才有条理。条理性差的孩子该写的时候找不到笔，找到笔了又不知做哪道题，忙乱一团能不出错嘛！还有就是书写杂乱，要么笔顺不对，要么丢笔画，数学考试要用尺子了，还有孩子说“老师我没带尺子”等等 。

纠正孩子无条理、不利索的办法，就是让孩子“自己的事情自己做”，家长一定要坚持，孩子只有“自己去做”才能学会有条理、学会利索地料理自己上学的一揽子事情。

（二）检查习惯差

检查习惯差也是错题的原因之一，有孩子不知道做完了题要检查，或忘了检查，或不会检查，所以家长要从一年级开始，注意孩子是否学会了完成作业或考试题之后就开始检查，如果还不会，就教孩子怎样检查。

孩子不会检查可以学，有的家长见孩子不会，就代替孩子检查，这当然比孩子快，很省事，但省事却不抵事。一则家长不可能到教室去帮孩子检查试卷，十多二十年的学习家长如何替代得了？二则检查也是训练孩子的条理性和独立性，家长代替自己检查作业，压抑的是孩子的才干，破坏的是孩子的好习惯，这是家长所愿的吗?

养成仔细检查的好习惯，要教给孩子检查方法。对一年级小孩子，教给方法有时候比讲清道理更重要。反复叮嘱细心，不如教孩子具体怎样做。有个男孩子很粗心，作业、考试错误不断。仔细看看大约 20% 的题都是因粗心做错，家长找原因发现孩子不会自己检查，总是等家长、老师说哪里错了，他才去改正。后来家长就教他写完作业自己检查，从头至尾检查一遍，这样慢慢有了检查的习惯和检查的方法，粗心的情况减少了一大半，孩子非常高兴，还在班里介绍怎么检查作业的学习经验。

（三）没有及时纠错的习惯

教孩子克服粗心，“及时纠正错误”这个方法的效果最好。在孩子出错时，及时找到正确的，再对比一下细化区别，会克服掉大部分类似的粗心。有位家长见孩子“末”与“未”弄错了，在孩子检查的时候，提醒这俩字是不是混淆了？孩子仔细一想是写错了，于是家长说我们来想办法记清楚这俩字，“末”是上面一横长，下面一横短，越来越短，末尾的意思。记住这个“末”字就行了；而上面一横短、下面一横长的肯定是“未”字了。

四 情绪、专注力方面

（一）情绪、专注力对智力活动影响很大

情绪对人的智力活动影响非常明显，智力活动需要安静的精神状态，消极情绪、情绪不稳定或者任何强烈的情绪都能干扰大脑的思考状态，干扰思维的逻辑性、缜密性和条理性。内心紧张的孩子、慌慌张张的孩子，甚至恐惧的孩子，大脑不可能集中思考问题，总在担心家长是否又要“发难”了，心神不宁，一有点动静就紧张起来。有的家长在孩子作业时，像是冷面的审判官似的守在一旁，一看有错就大声训斥，弄得孩子惊惶不已，随时处于防备状态，做错题是必然的。

专注力不够的孩子，因为分心、容易受干扰，大脑处于断断续续的思考状态，也是容易看错题、看错字、计算出错的原因。此外，孩子缺乏耐心，不能忍受比玩要单调而且有困难的学习任务，写不了几分钟就厌烦了，很勉强而又无奈地拖拉着。

（二）怎样优化孩子的情绪和专注力

对待孩子的粗心问题，家长首先反思自己是不是情绪化，家长的粗暴情绪让孩子紧张、慌张、恐惧，怎么可能仔细看清楚呢？纠正孩子粗心，首先要让孩子内心安静下来、有安全感，才可能专心作业、思考作业。

家长要记住，不用情绪化处理智力活动，不以“粗心”为理由惩罚孩子，作业出错了，就事论事，让孩子从作业中去找原因，而不是制造紧张、让孩子恐惧。反之，也不因为孩子做题全对，就欣喜若狂地奖励孩子细心。一年级孩子，经不起家长的大喜大怒，家长情绪要有分寸，正面强化不等于大喜过望。

此外，训练孩子的专注力、耐心和耐力，可以安排

孩子做一些枯燥的、简单重复的需要耐心的事情，告诉孩子完成上学任务会有很多困难，需要有耐心、有耐力才能学好。有位家长从孩子四五岁时就交给他一项喂金鱼的任务，每天要按时给金鱼喂食，到时间了不管在哪儿玩耍，都要去做这件事情。家长的目的就是培养“任务意识”、培养耐心，让孩子有耐心去完成任务。孩子上学后很有“任务意识”，有耐心，很少烦躁，学习成绩一直不错。

五 其他外在因素

孩子粗心，与任务超负荷、超过限度有关。一年级孩子的神经系统的发育还远未成熟，如果作业多，大脑在疲劳的状态下，粗心就是肯定的了。所以家长要有效率意识，学习不能超负荷，不能拖时间。比如孩子专注地用脑二十分钟左右，就需要休息一会儿。另一点家长也要考虑到，学习内容越复杂，越容易出现粗心，需要估计到孩子的困难，不能方法简单化。

此外，有的环境干扰可以超过孩子抗干扰的能力。有小孩子写作文说自己虽然有单独的小房间，可是紧靠着饭厅，每天放学回家，家里都有人来跟妈妈学做手工刺绣，自己写作业很受影响。后来，家长发现这个问题，赶快转移到别处，才解决了环境干扰的问题，保证孩子专注用脑。这些都是孩子上学后家长要考虑到的。

一年级孩子的学习特点

小学一年级新生在上学之初的都是懵懵懂懂的，大部分孩子对上学的具体要求并不清楚，第一次坐在小学教室里上课、第一次要完成作业、能不能回答好问题、上体育课是否知道脱外套、放学老师交代了什么事情……都需要从头学习。虽然之前有学前班的训导，但一年级才是正规的上学，正式开始接受学校教育。所以孩子这个“学之初”应该怎样起步？怎样才能开一个好头？不少家长为此操心不已，也可能着急，一个家长说，孩子开学前整整一个月，她都失眠，总在担心孩子做不好、写不好字、达不到要求，担心孩子落后等等。家长为什么会这样焦虑呢？主要原因是还不了解一年级孩子学习的特点，不知道怎样去做，才能促使孩子在学校表现好。

我曾经调查过一年级孩子的家长，说说“一年级孩子的学习有什么特点”，从大部分家长回答的情况看，还不了解一年级孩子学习的特点，还不知道一年级新生家长该做些什么，才能促使孩子在起步阶段打好基础、开好头。那么，一年级孩子的学习有哪些特点呢？家长又该怎样做呢？概括起来，一年级孩子学习的特点是：两个“不可能”、三个“容易”。

一 两个“不可能”：不可能考虑周全，不可能长时间专心

（一）凡事不可能考虑周全

六七岁儿童思维发展的一个特点，是不能从不同角度、从他人角度考虑问题，还只能考虑得到自己，所以一年级孩子刚上学时，心里怎么想就怎么去做，忘记自己在上学。喜欢老师，即使在上课，也会和老师躲猫猫，躲在桌子下等老师去找他；

还没下课，想喝水了，拿着水杯就朝开水机那里去；老师提的要求、交代的事情，他们不一定能听懂，即使听懂了，回家就忘掉了；还有孩子上课突然与同学争吵甚至打起架来，也是这种不能同时考虑两件事情的表现，只顾自己一心争输赢，忘记了在上课；考试的时候题里有“我有八本书，他的书比我多几本”之类的题，就有孩子对旁边的同学说“我有好多书，比你的多”，旁边的孩子不服气说“我比你多”，于是争执起来……这些“不遵守纪律”的表现都是这个阶段孩子的特点，而不是他们的缺点。

一年级孩子掌握的词汇量很少，概念也常常是孤立的，理

解力有限，所以家长要把话说得明白具体，而且要知道有的话孩子并不一定真正听明白了。比如在一年级课堂上，他们对老师的话经常是听到半句、丢了半句。老师说“写完的同学静息”，有的小孩并没有写完也赶快静息，结果课堂作业没做完就交上去了，那种认真地把没做完的作业交上去的萌态，真是可爱得很。这些都不是孩子的缺点，不用批评，家长只须提醒他们，等待他们，随着每一天都有的进步和变化，萌娃就会懂事很多。

在整个一二年级，家长都不能要求孩子想问题很周全、什么事情都要、做好，面面俱到。因为这个要求不符合孩子的特点，而且他们也根本做不到。

（二）专注力不可能持续稳定

一年级孩子专注用脑的时间一般在十五至二十分钟，所以他们不可能超过这时间还能专心听课、写作业。家长要了解一年级孩子这个特点，不能拉长孩子的学习时间。例如有家长给孩子布置“今天复习一小时”，就不符合一年级孩子的特点，提的要求超过了孩子的能力范围，孩子做不到，效果会很差。即便被迫坐在那里一个小时，孩子也不可能专注学习一小时，只能边做边玩，其结果是学习效率大大下降，还养成了拖拖拉拉的坏毛病。

一次家长会，我问家长们孩子写作业一般要用多少时间。一个男孩子的父亲说，孩子写家庭作业，二十以内加减法共三十题，做了一个小时，我告诉这位父亲不能这样写作业，而他认为：“我不管他做多久，反正得给我做完才准许出去玩耍！”看起来父亲在坚持“学习第一”“先写作业、后玩”的原则，然而没有考虑到孩子有效的学习时间只有二十分钟左右，其余的时间孩子只能边玩边做、学习效率大大降低，反而养成了拖拖拉拉的坏习惯，而这个坏习惯会成为孩子学习的致命弱点。

我不管你做多久，反正做完才准出去玩！

另外一位家长就很注意这个问题，很注意提高孩子的学习效率。孩子写家庭作业无论如何不能拉长时间，作业少的时候，不超过二十分钟，作业多的时候，二十分钟左右要休息一下。如果不到二十分钟孩子完成了作业，剩下的时间就属于孩子自己。这位家长也不给孩子报补习班学语文、数学、英语，而是让孩子参加体育项目训练或者户外活动，

有一位小学一年级的数学老师告诉家长，要学会把“今天我们写二十分钟作业”改为“今天我们做三十道题”，把注重时间改为提高效率，要求孩子凡学习就专心学习，玩就尽情地玩。合理用脑、有效学习，才是学习好的核心能力。

二 三个“容易”：容易忘记任务、容易受干扰、容易缺乏自信

（一）容易忘记任务

孩子上学了，本应该知道自己上学该做什么事情，老师布置了作业，就是自己要完成的任务，就要记住自己有作业要完成，这就是有了“任务意识”。然而，一年级孩子的“任务意识”还发展不充分，大多数孩子还记不住老师的要求，有的孩子完全不知道老师的指令是什么意思。所以很多一年级班主任都要提醒家长说，你们要有耐心，孩子还小，记不住事情是正常的。

比如有个男孩子到操场做操，头一天老师编好全班站队的位置，要每个孩子记住自己是哪个位置，可是第二天他就忘得

第一天

干干净净，不知道自己的位置在哪里，只好站在队伍的最后面；老师看见了，就牵着他的手、带他到自己的位置，告诉他你记住前面是哪个同学，后面是哪个同学；可是第二天这孩子还是站在最后，因为他忘记了他的前面是谁、后面是谁，老师又牵着他的手带他去站好队……这样一次一次地教，孩子才能记住。可见一年级孩子在上学之初，记住这样一件事情都有困难，何况比这个复杂得多的听课，写作业。

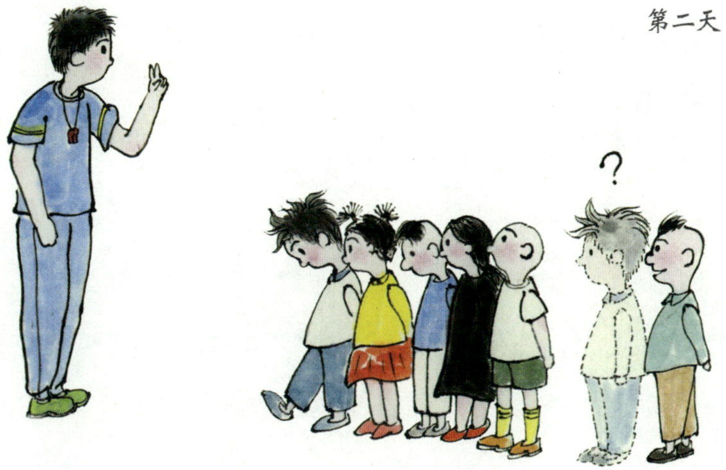

有位家长说，开学一个月了，每天孩子回家他们就问孩子，有作业吗，孩子摇头说没有，家长心想一年级好像说了是没有作业，也就没管。老师想看看有多少孩子能记住任务，就没有告诉家长布置有作业。一周后老师通知家长说布置的作业都是口头作业，让孩子每天回家读拼音给家长听，希望家长告知一下孩子读的情况，家长才知道是有作业的。妈妈问孩子，孩子一脸茫然，可见根本就没懂布置作业是怎么回事。然后这个妈妈仔细地告诉孩子："每天放学的时候，老师要布置作业，你要听清楚老师说的什么任务，要记住，然后回来要完成。"如果第二天孩子忘了也没关系，再提醒，再叮嘱，慢慢地孩子就知道布置作业是怎么回事了。

也有孩子把作业考试没当成任务，而是当成了玩耍一样的事情。有个孩子考试时做完了题，就把试卷折成飞机玩，对着纸飞机呵一口气掷出去，纸飞机在教室里转了一圈，其他孩子也都高兴起来，都忘了是考试，也要拿试卷折纸飞机。监考老师赶紧叫全班静息，告诉孩子们这是考试的试卷，不是用来玩耍的折纸。可见孩子的意识里，玩耍与考试差不多，还没有形成上学的"任务意识"。

“任务意识”是一年级新生跟上学习进度的重要保证，任务意识才能保证孩子能完成学习任务。那么怎样培养孩子的任务意识呢?

培养任务意识应该在学前就开始，具体方法有几种：一种方法是用简单的、容易记住的事情交给孩子去完成。交给孩子一份能胜任的责任，比如给金鱼喂食、给一盆花浇水，或者按时到信箱取回家里订阅的报纸杂志，这样孩子慢慢就会记住自己有任务，到时候要去完成，逐渐就有了任务意识。第二种方

法是让孩子记住一件事情，或一句话，到什么时候要提醒家长。比如告诉孩子，“星期六妈妈要给外婆寄一件衣服，妈妈担心忘记了，你帮妈妈记住”“爷爷晚饭前要吃药，你记住吃晚饭前提醒爷爷”。孩子如果没记住也没关系，继续提醒一两次，孩子就记住了自己有任务要完成。第三种方法是在上学后，配合识字、写字，可以教孩子把一周要完成的任务，记在一页纸上面：每天几点喂鱼、周六提醒妈妈要寄衣服给外婆、自己哪天要值日等，效果也是非常好的。当然，方法不止这几种，许多家长都有更多好的方法培养孩子的任务意识。

如果在学前的没有做这些训练准备，孩子上学后也可以用这些方法培养孩子的任务意识。

（二）容易受干扰

由于神经系统发育不成熟，心思稚嫩，一年级孩子容易受外在的影响，稍有动静就不自觉走神，思路也跟着去了，所以在纪律方面的自我约束力不够。这是年龄的特点，男孩子更突出。例如上课时，老师说上次打预防针，大家很勇敢，于是有几个孩子就挽袖子找针眼，忘了在上课，还互相帮着找，然后说："你哭了，我没哭！"越说声越大，在老师提醒后才又认真听课。

类似容易受干扰、自我约束差的情况，都是带有过渡性质的现象，只需家长提醒引导，不能当成缺点去批评。随着老师的不断要求、规范，孩子的专注力和自控力会一天天发展起来，这些现象也就自然消失。如果家长严厉地惩罚纠正，不仅效果差，还损害孩子上学的积极性，损失就大了。另外，在写家庭作业时，孩子很难不受外来干扰，电视、电话、大声说话都会影响孩子，需要家长特别保护，要给孩子创造适宜学习的家庭气氛。

（三）容易不自信

一年级孩子刚刚上学，在陌生的环境里容易紧张不安，不知道怎样做才对、容易不自信。如果没有做好老师的要求，就很焦虑、害怕，觉得自己什么都做错。有的孩子老师还没说什么，就哭起来；不止一个家长说："在家里批评了一句就哭，弄得我们什么都不敢说了，这孩子怎么教啊！""说他吧，孩子要哭，不说吧，孩子得读书考试，不知道该怎么办。"

孩子才六七岁，刚刚上学，不管什么情况，会遇到很多问题，这些问题做不好会让孩子很不自信。这个时候孩子特别需要家长的温暖鼓励和耐心指导，而不是凭空去生气孩子为什么学不好。有位家长说，"孩子写作业，两遍不会，我就控制不

住火气往上窜，怎么这么简单的题都不会做！”本来孩子就不知道该怎么做，家长怒气冲冲地指责、埋怨，孩子非常惊恐，更紧张了，他会心想“上学怎么是这个样子的啊？”更不知道该怎么写作业了，有这么几次遭遇，孩子就会害怕写作业。

为什么孩子刚上学家长就焦虑到这个程度呢？一言不合就火冒三丈，这可能与“输在起跑线上”的观念有关。家长担心孩子输在起跑线上，很焦虑，孩子作业写不好又印证了家长的观点，然后又将这种焦虑朝孩子发泄，弄得一个家满是紧张和不安。

其实，起跑线上不存在输赢，跑到终点线才能判定输赢。中小学一共十二年的基础学习犹如马拉松赛跑，在起跑线上慢了那么几步，对最终的胜负几乎不存在影响，家长不要被这种提法误导。

据心理学研究，在六七岁阶段，孩子的“自我发展”速度最快，比中小学其他任何一个阶段发展都快。自我发展主要是人的自信心、自尊心、自理能力、自我约束、自我管理、独立学习等能力的发展。孩子刚刚才上学，若是因为字写不好、题算错了听妈妈说自己很笨，他就不会有自信，那么“自我发展”就不好。所以在这个起步阶段，家长要维护孩子的自信，鼓励孩子对自己有信心。如果孩子认为自己笨，家长就要想办法打消孩子的自卑，要对他说："你刚刚才开始上学，都是从头学，只要认真努力，肯定能学好。"

有个小男孩写字总是不能得到 A，妈妈说为什么没得到 A 呢？他低垂着头不说话，又胆怯地望了望妈妈。这时候妈妈去拿出先前写的作业本，找出刚上学时写的字和现在写的字，然后给孩子看："你看，这才一学期不到，写的字比以前进步了好多！我们争取每天有一小点进步，一直好好写，你就写好了！"妈妈没骂他，又指明了方向，孩子就不紧张了。之后，小男孩每天很认真地写，慢慢地越写越好，终于得到了 A！

小男孩兴奋地报告给妈妈，满脸稚气的喜悦，洋溢着幸福和自信。这位妈妈这么做就很对，孩子的字也写好了，更重要的是促进了孩子的自信心的生长。

总之，整个一年级阶段，孩子都是在起步，带着懵懂幼稚的萌态，一切从头开始学，他们会听不懂、记不住事情、写不好作业，这些都是正常的特点，不是他们的缺点。他们最需要的家长耐心的鼓励和等待。随着他们每一天细微的变化成长，就会逐渐适应学校的要求，慢慢的，越来越能干，和全班同学一起成长起来。家长在这个过程中也需要适应学生家长这个角色，调整好心态，做好心理准备，了解一年级孩子的特点，切记要做到：耐心、耐心、再耐心！耐心了解孩子的特点，耐心教孩子怎样听课、写字、算数，耐心等待孩子的成长。

要学三套符号，家长可知孩子的难

一位妈妈是大学教师，孩子的数学在班里不算好，老是算错。她急得不得了，对老师说，“我当年从没觉得数学这么费劲儿啊，怎么这样简单的都要掰手指头才算得出来，还算错？而且教一遍、两遍、三遍都不会！”坏心情一点就着，情绪失控，就朝孩子一顿发火，孩子非常害怕。这位妈妈为什么发火？她虽然在教大学生，却不懂得小学一年级孩子的困难，那么一年级孩子困难在哪里呢？在符号，三套符号。

孩子在上学后，一开始就要学习三套符号，这三套符号是汉字符号、数学符号、拼音符号，有的小学还开设了英语课，那就是有四套符号了。所以说在所有的学习阶段的衔接中，幼小衔接的难度是最大的。其他初小衔接、初高衔接、高中和大学的衔接对能力要求的跨度都没有幼小衔接的宽度大。为什么？原因在于这三套符号。

符号是代表抽象的意义，而孩子只有六七岁，思维水平还处于具体思维阶段。从具体思维到抽象思维，这个跨度很大，孩子的困难很多。这个阶段要是孩子学习运用符号的关键期，所以家长要了解孩子的困难，才能有耐心帮助孩子跨过难度比较大的这个坎儿。

一 六七岁是学习运用符号的关键期

著名心理学家皮亚杰将儿童智力发展、逻辑运算能力的发展分为四个阶段，其中第二个阶段是“前运算阶段 2 ~ 7 岁”。这个阶段的孩子仍然依赖具体经验在计算（例如掰手指、用小棒算加数），但已开始运用符号，一年级儿童就处于开始学习运用符号的关键期，家长要协助学校的教学，推动儿童顺利发展运用符号的能力。这其中要充分了解儿童的困难，要有最耐心的帮助和等待。

儿童要学习的知识就像一段上山的路，有的石梯路比较平顺，石梯与石梯的跨度不大，但有的石梯很陡，跨度很大，有的路段甚至是一道“坎儿”，需要很费力地翻过去。学知识也

是这样，有跨度大小不一的各种坎儿。幼小衔接是一道坎儿，中年级、高年级直至高中也都会有。符号学习，就是小学一年级孩子面临的一道坎儿。这道坎，跨度最大，然而它又特别重要。需要孩子翻过坎去，如果翻不过去就卡在那里了。

儿童在六七岁以前还没有形成抽象概念。比如“6”这个数学符号，不光表示 6 根小棒、6 个人，而是代表所有“6”的数量，“6”这个符号代表的是抽象的意义。所以孩子要掌握符号就有困难，他们在计算 6+3 时候，还是要借助具体的思维来进行计算，他们要掰着手指，先数 6 个手指头，然后再数 3 个手指头，然后加在一起再数出一共是 9；如果超过了 10，就要去借爸爸妈妈的手指，或自己的脚趾，或者用小棒，这就是用具体思维在运算，而不是运用符号运算。

二 学习数学符号

中小学数学的核心概念之一是符号意识[①]，通过学习，孩子能够理解符号的含义，能用符号表示数，能用符号进行运算、推理。学习怎样运用数学符号是从一年级正式开始。不少孩子在学前可能已经会一些心算，能认识不少的数字，甚至能心算难度较大的数学题，但这些都不是纯粹的符号运算，从一年级开始的数学课，很重要的一项训练就是运用符号。

①数学的十个核心概念：数感、符号意识、空间观念、推理能力、应用意识、几何直观、数据分析观念、运算能力、模型思想、创新意识。黄翔著：《数学课程标准中的十个核心概念》，载《数学教育学报》2012（4）。

在小学一年级这个阶段，孩子在数学符号运用的能力方面，个体差异是很大的。有的孩子经过提前训练已经能够运用符号进行20以内甚至100以内的加减法运算，而有的孩子刚刚起步，看起来比其他发展得比较早的同学差很多，让家长很失望，但是家长要注意的是，你的孩子即使差其他孩子很多，也是属于正常现象，因为差的是什么呢？差的只是没有提前训练而已。所以当把这些孩子放在一个班里来评比的时候，家长心里就不要发慌，要做到心里有数。

有位家长就做得很好，他懂得安静的大脑才能思考问题，所以很重视孩子写作业时大脑的好状态，遇到孩子做错题的时候、算题算不出来时，他总是说“不着急”“再算算”，因为着急的大脑无法把题算清楚，恐惧的大脑更无法算好一道题。他这样说也是让孩子很有安全感，才能

静下来思考问题。孩子那么小，需要安全、促进思考的心理环境，尤其是数学，更需要非常安静的大脑状态。

一二年级阶段是具体思维向抽象思维发展的关键期，数学学习是非常重要的推动和促进，打好这个基础，摆脱了具体思维的限制，才能大步前进，在下一阶段中年级和高年级，用符号进行万以内的加减乘除运算，以及更复杂的逻辑运算。

人类智慧越复杂、思维层次越高，概念就越抽象。比如爱因斯坦著名的相对论非常复杂，它的公式却只是几个简单的符号组成，绝大多数人根本看不懂，因为太抽象了，而爱因斯坦正是人类具有最高符号能力的几个人之一。

孩子从小学一年级开始学习数学符号、认识数字、学习基本运算，到四五年级，学习内容的抽象程度迅速上升，到初二前后的学习，对抽象思维能力要求更高，如数学、物理就是如此。如果孩子的抽象思维水平上不去，数学、物理成绩就上不去，如果孩子的基础打好了，中学的数学都应该学得不错的。

三 学习语言符号的困难

孩子从一岁左右就开始学说话，到四五岁时，基本能够熟练听、说母语，但还不识字，也不会写字，还不能运用汉字符号来读书写句子。孩子能听、能说是掌握了口头语言，但还没有掌握书面语，我们汉语的书面语言符号就是汉字，所以从一年级开始，孩子先要学识字、写字，要学懂这些字和词的意思，然后运用这些字词，去阅读，去造句，写作文，就是初步能够运用汉语符号了。

所以识字是小学一年级语文的重点，识字以后才能阅读、才能写作。根据学校要求，孩子要掌握大约三千个汉字，才能具备基本的阅读能力，才能基本写清楚一件事情。所以一二年级的孩子每天都在学识字、学写字，一个字要能“听、说、读、写”，才算是掌握了，这对六七岁的孩子来说，困难不小。

口头语言与书面语言有区别，孩子能听得懂别人说的话，但没有掌握书面语言，不识字，就不能读懂书里的话；孩子能说不少的话，能说清楚一件事情，但不会写字，就写不出一句话、更不可能把一件事情写清楚。

有家长说，我孩子说话讲故事都很棒，还能说一点成语，都说得清楚，可是考试成绩总不行，怎么回事呢？家长要知道，会说会讲是口头语言好，但必须识字写字，才能写得清楚。所以上学的一个主要任务，是要学书面语言，从识字、写字开始，从字、词、句开始，然后学写一段话、一篇作文。

何况，单从学校的考试来讲，中小学的考试以书面语言为主，如果孩子只是会说，不能读、不能写，怎么可能成绩好呢？“听、说、读、写”缺一不可。所以要掌握好书面语言符号。

掌握书面语言符号不是轻而易举的事情，孩子要从一年级开始，认真学、认真练，才能掌握好。不少学生到了高中、大学，还写不好一件事情、写不清楚一个道理，就是没有学好书面语言，没有掌握好字、词、句这些语言符号。

符号学习主要是以学校老师在教，那么家长能做些什么呢？

（一）字词的含义，要关注孩子是不是真懂了

一年级孩子还是具体思维的，抽象的概念他们还理解不了，所以孩子学字词的时候，家长要注意孩子是不是真的懂了，因为孩子只有真正懂了这个概念，他才会运用这个概念。例如，

建设祖国中的“建设”，这个词是一个抽象的概念。有孩子问“建设”是什么意思呀？家长一时还不知道怎样给孩子讲明白，后来路过建筑工地，家长就告诉孩子“你看工人在修高楼，他们就是在建设祖国”，孩子说“哦，我知道了，‘建设’就是修房子”，可见孩子的思维还很具体。

有孩子读到“水深火热”这个词的时候，就说“是发大水了啊，是大火在烧啊”；还有一个孩子用图去画成语“九死一生”，他画了九个人躺着、一个人站着。孩子可爱的具体思维，让家长忍不住笑了，然后给孩子讲“九死一生”的意思是什么，

理解前

之后孩子又画了一幅简笔图：一个满身是伤的人站在废墟上，身后也是很多倒塌的房屋，孩子说这是地震中一个活下来的人。画虽然简陋，但说明孩子初步摆脱了具体思维，基本懂了“九死一生”这个概念的含义。

理解后

（二）用亲子阅读，把字词放在句子里去学

一年级孩子初学识字，认得的字很有限，家长用亲子阅读的方式带着孩子，把字词放到读故事里面去学，不仅是家庭阅读的好方式，对增强孩子的识字能力更有突出功效。低年级读物都是带拼音、文字少、有插图，家长可以和孩子一起找出孩

子已经认识的字、词，这样把字词放到句子里去学，孩子掌握得很快，而且也才能真正理解字词句的含义。

学习语言符号、掌握概念的过程就是这样，从一年级上学开始，要持续走很长的路，直到孩子能基本阅读、写作，能够熟练驾驭语言，写出锦绣文章。如果能写出流传千古的名篇，便是达到运用语言符号的最高水平了。

由于有的学校在一年级也开设了英语课，或者家长自己给孩子加了英语学习，拼音符号和英语符号都是同样的 26 个英文字母，发音却不同，拼读不同，这对六七岁的孩子是有很大困扰的。所以一年级孩子学英语最好是从口语开始，只听、只说，不教字母符号，就像孩子一岁开始学说话一样，并不教识

字，这才是学语言的正确途径。

当然，有大约千分之三的孩子，抽象思维超常发展，早已超越一般孩子的思维阶段，跑到很前面的地方去了，大部分孩子都是正常发展进度。超常儿童的比例不会因家长的意愿增加，家长的态度应该是这样的：如果孩子属于超常儿童，就因材施教；如果不超常，家长能够做的还是因材施教。绝大多数孩子跟着学校教学的进度走，加上后天努力，都可以学得非常好。这是家庭教育要具备的一个基本观念。

再强调一下，一年级阶段是儿童概念发展的关键期，是儿童思维发展一个决定性的转折点[①]，对于符号运用还比较差的孩子，家长要懂得孩子的困难，要心疼孩子有困难，这样就会有耐心去帮助孩子超越困难、顺利跨过这道难度很大的坎。

①施良方著：《学习论》，人民教育出版社2001，第186页。

懂规矩，成才的第一步

在一次一年级的家长会上，我问：“你们希望学校要求孩子严格一些，还是宽松一些？”全班家长异口同声地大声说：“严格些！”我说：“怎么没有人赞成宽松的？”有家长说，哪里敢宽松！我们周围因家长管教不严、读书读不好、找不到工作，甚至进了监狱的，不是一个两个。

我问“严格有什么好处？”家长们说，“管严一点孩子才认真读书”“管严一点孩子才懂规矩”“不然不成样子，走亲戚都被人笑话”，一位家长说，“宽松对小孩子不好，长大了可以宽松一点”。

给孩子立规矩，就是对孩子的严格要求。家庭教育的一个重要任务，就是从小时候开始给孩子立规矩：了解规矩、懂规矩，做事才有规矩。

一 这个社会是有规矩的

孩子出生时是一个纯生物的人类婴儿,还不具备社会品质,但他们长大后却要在社会中生存，就需要有社会品质，要遵循社会规则，不能想怎样就怎样的。所以人类立了许多的规矩，制度的、法律的、道德的、习俗的……都是人类给自己立的规矩，各种各样的规矩，大到国家，小到家庭个人，都按照规矩行事，才能保证社会秩序正常运行，人类才能生存下去。社会是有规矩的，所以每个人都要学规矩、懂规矩、遵守规矩，“没有规矩，不成方圆”。

中国文化非常讲究有规矩，凡事依着规矩做就好，很懂得教孩子有规矩，教孩子约束自己、符合规矩。俗话说“成人不自在，自在不成人”，就是学规矩、社会化的过程。如

果我们听某家长 严肃批评孩子“怎么说话的？”就知道这个家庭说话是有规矩的。我接触不少家长带着孩子前来咨询，稍一接触就能知道这个孩子有没有规矩，家长有没有给孩子立规矩。

一位妈妈带着读高中的侄儿来咨询高考的问题，她的儿子开车送他们。车停稳了，儿子立即打开车门下车，从前面绕过来，和弟弟一起恭恭敬敬地站在我面前，很有礼貌地说“老师好！”我笑着对这位妈妈说，“教得很好啊！不多了。”她也笑着说，现在这些孩子时兴“高冷”摆酷，以后到社会上去，就知道“高冷”没用了。

这的确是一个问题，不少家庭孩子祖宗化，家长反而奴才化，哪里还敢给孩子立规矩？孩子不懂规矩、没大没小、对长辈吆三喝四、目中无人。家长却不加约束、不予训导。其恶果有二：一是孩子的行为规范很差，遭人耻笑，处处不受欢迎；二是上学后适应学校很差，跟不上学校的要求。

有的家长把孩子宠溺到荒唐的程度，孩子上学后，家长居然给老师说“我们孩子不参加值日做清洁，他在家里从不做清洁”。学校是高度规范化的教育，对学生的行为规范要求很高，这正是培养孩子规范行为的有利条件，家长怎么能闹出这样的笑话，完全没有培养孩子懂规矩、按规矩来的意识呢？

学习规矩、遵守规矩是幼小衔接的重要内容，从大班、一年级开始培养孩子的规矩意识、教孩子懂规矩、有规矩，孩子才能跟上学校高规范的要求。

二 规矩本身就是强制的

有家长说，孩子比较内向，如果给孩子立规矩，会不会压抑孩子的个性？导致孩子不敢竞争、胆怯、退缩；也有家长说，孩子外向、好冲动，培养规矩意识之后，自控力进步很大；还有家长希望只采用感染、熏陶、潜移默化的方式去影响孩子，希望孩子领悟到规矩，而孩子没规矩的时候，家长就认为自己熏陶不够。这是家长对“立规矩”与“个性”的理解有混淆。

家长要明白，规矩的特点就是一旦制定，就没有讨论的余地，规矩是无条件可讲必须照办的，规矩本身就是强制的。个性内向的孩子要做到，外向的孩子也要做到。尊敬长辈，谁都应该做到；过马路、开车，都要服从交通规则，孩子的社会化，就是学习各种规矩的过程，与个性发展并不冲突。孩子先从外在行为做起，再逐渐内化到认同规则，自觉服从规则，感染熏陶是有效的教育方法，但它不能是唯一的方法，照规矩做本身是无条件的，有强制性的。

孩子学规矩的过程很长，有的规矩一时做不到很正常、不要紧，但必须坚持要求孩子去做到，比如对长辈说话的规矩，有时候没做好，家长不能因此放弃这个规矩，必须一次次坚持要求，孩子就能记住，成为对长辈“说话有规矩”的好孩子。

现在有的人错误地理解“民主”，放任小孩子说话没规矩、行为没规矩。由于片面理解传统文化，片面理解西方民主，把很重要的规矩当作封建糟粕，被禁止，被废弃，一个社会基本的文明秩序、行为礼仪、与人共处之道等基本规矩，许多孩子一无所知，被周围的人嘲笑“没家教”，这样的情况是为人父母者不愿见到的吧。那么一年级孩子有哪些规矩要学呢？一个家庭怎样给孩子立规矩呢？

三 怎样给孩子立规矩

（一）一年级孩子要学哪些规矩

中国古时候有一本《弟子规》，就是给小孩子讲举止言谈、

接人待物的规矩的，这其中对各种规矩都有很细致的交代。比如对待父母、长辈的规矩的，这其中对怎样应答，怎样站立，遇到什么情况怎样对待，不能怎样做，不能怎样说都定有规矩，小孩子照着去做，渐渐就成了习惯，无论什么情况，说话办事都很有规矩。

小学一年级的孩子必须要学的规矩都与上学读书有关。学校是有规矩的，主要体现在小学生守则里面，“守则”就是要遵守的规则。家长应该告诉孩子小学生守则是做什么的，学校里有哪些规则，为什么要遵守规则，如果违反了规则为什么要被老师批评。

为什么以前称呼老师叫“先生”，称自己“后生”，这是对老师的尊敬，对长辈的尊敬。单单一个称呼就是有很多规矩，比如：不能对父母直呼其名，也不能对老师、长辈直呼其名，这就是礼节，就是规矩。

（二）学规矩要从小时候开始

一个大学的研究生导师说，现在带研究生不光是要教专业，还不得不教学生接人待物的基本规矩。这些学生已经考上研究生了，还不懂打电话的礼节，不懂何种场合、对何种人怎样说话，开会不懂哪种场合该站哪里、该说什么，待人接物笨拙得很，更谈不上得体端庄。导师不得不一件事一件事地具体教。

比如学生给导师打电话，“老师我给你说一件事”，然后就一直说下去，不懂得应该先询问：“老师，现在你有时间吗？”还有学生本是好意，却说“老师你有什么事情

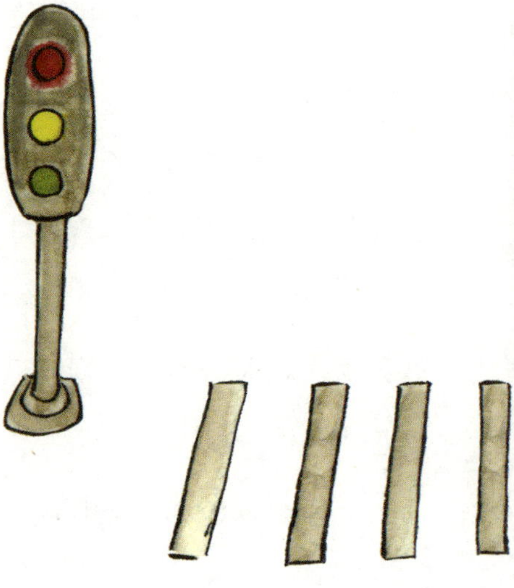

吱声”，或者放假前告诉导师说“我已经买了回家的票了，告诉你一声”。完全不懂规矩。这原本是在中小学就应该懂得的规矩，读到研究生还不懂得，实乃他们的家长没有从小给孩子立规矩。

古人说教育孩子要“慎在其始”，孩子从小时候开始就要学规矩，按规矩约束自己，怎样可以，怎样不可以。从天性来讲，人的愿望很多都与社会规矩相冲突，孩子想要的东西多了去了，所以要让孩子知道，学规矩就是约束自己服从规矩。如“红灯停，绿灯行”的交通规矩，个人愿不愿意都要服从，不然整个交通就乱了，车辆和行人谁都无法通行。以此类推，让

孩子懂得规矩的作用。

有的家长总是说“孩子还小”，等大一点就懂规矩了。也有的家长以为约束还在就是不民主，不尊重孩子，或者找理由放任孩子没规矩，孩子不像孩子，成了祖宗，家长不像家长，成了奴才。古人说，“长失尊严”则“少忘恭敬”，意思是说，做长辈的没有威信尊严，晚辈必然没有规矩。任何教育都是需要威信、尊严的，没有家长的威信和尊严就没有家庭教育。孩子没有规矩，不能成器。“少忘恭敬，家不乱者未之有也。”孩子没规矩，家庭没有不混乱、不衰败的。

四 教孩子学规矩的方法有哪些

（一）通过家庭礼节学规矩

孔子在教育他儿子孔鲤的时候说过一句很有名的话“不学礼，无以立”， 意思是说，不学礼，不懂规矩，怎么在社会上立足呢？礼节是什么？“礼者，边界之定。”礼节就是划定边界，凡事有规矩，恪守边界，则人人各得其宜。亲子关系、师生关系、长幼关系，都有规矩不得逾越。

小孩子学规矩都是从家庭开始的，基本规矩在家里就应该学会，孩子上学到学校、以后进入社会才是“有家教的”，是“家里有人教的”。家庭关系是最有秩序的关系，是生命一代传一代的关系，不可逆转的。比如孩子在家里就要学“长幼有序”这一条规矩，规定晚辈要尊敬长辈，不得违反，违反了就是大不敬。如果孩子对长辈大呼小叫、语气随意，就失了尊敬，就“不成样子”。所以学习礼节，才能心正、身正。

（二）参加游戏、体育项目，能培养孩子的规矩意识

孩子做游戏、体育项目训练非常有利于孩子形成规则意识。任何游戏、体育活动是按规则进行的，足球、篮球、象棋、围棋、田径、游泳，所有参与者都得遵守规则，犯规就不行。这对促进孩子懂得规矩很有用。

一个一年级孩子被选拔到校棒球队，开始很害怕输球，第一次输球被淘汰掉他忍不住大哭，希望教练让他上场，教练给他讲比赛规则，他终于相信必须服从比赛的规矩。之后又打了几场比赛，输了被淘汰了虽然难过，但知道这是规矩，哭也没用，就在场外给同伴们鼓劲喊加油。教练夸奖他进步了，问他为什么不哭了？他说“比赛规则，输了就输了”。

（三）“外受傅训”借助学校教育

“外傅”是指古代家庭，在孩子到一定年龄的时候，要出外从师求学，与家长的教育相对。所以有儿童上学的年龄叫作“外傅之年”，在古代是十岁，近现代是七八岁，近年提前到六岁。“外受傅训，入奉母仪”，用现在的话来讲，就是家校共育。家长借助学校教育的优势，共同培养孩子，从古至今都被认为是好方法。

孩子上学，学校不光教孩子学知识，还教孩子懂规矩。有家长参加学校家长开放日的时候，发现孩子在学校非常懂规矩，见到老师和长辈就会用标准的姿势站好，问老师好、叔叔阿姨好，这让家长真切感受到学校教育力量的强大。所以很多家长对学校的严格管教寄予很大希望。

有个小学发问卷征求一年级新生家长的意见，希望家长们给学校提建议。在家长写的几百份建议中，排第一位的是孩子上学的安全问题，如社会车辆、闲杂人员、小摊贩的管理问题等；其次就是希望严格教育、教孩子懂规矩的建议。家长的建议很具体，希望学校重视传统文化，训导孩子站有站相、坐有坐相、衣帽整洁、懂礼貌、有规矩，这样孩子“到社会上才有个人样”。

“到社会上有个人样”，符合社会要求，孩子才合格，才能立足于社会。不懂规矩，社会不容、他人不容，孩子的一生都会困难重重。所以古代、现代的家长都重视“外傅”，重视借助学校的教育力量，家校共育，让孩子成为懂规矩的人。

精准家教系列

孩子要上一年级

破解新生家长急需解决的31个难题

下册

赵石屏◎著

作家出版社

期中考试了，我们多希望孩子可以考出优异的成绩，可是考场上的他们却是这样的：

咦，飞机！

笔呢!
开始答题。
期中考试

目录 CONTENTS

做“好妈妈”不做“分数妈妈”

一个一年级男孩子造句说：“我的妈妈是一只狼，我是羊，狼 jiān 视着羊。”孩子不会写监视的“监”字，用拼音“jiān”代替。这稚气十足的造句，显出孩子萌态可掬。老师问这个孩子，妈妈为什么要监视你呢？孩子说：“放学后妈妈就监视着我，看我写作业。”妈妈像狼一样？上学还不到一年，那么温和的妈妈就变得像狼一样，监视着孩子写作业，孩子就像小羊面对着狼那样惊恐害怕，这还是好妈妈吗？

亲子关系怎么会弄成狼和羊的关系？妈妈是担心孩子的作业写不好、成绩退步，心里着急又没

有办法，只好随时监督着孩子，孩子没做好就朝着孩子发脾气，说话都是气冲冲的、审查似的指责，孩子很害怕，很紧张，不知所措，家庭气氛也很紧张，容易起冲突。正如网上说的：“不写作业母慈子孝，一写作业鸡飞狗跳。”为什么会这样呢？

一 “学生家长”不好当

有一项对一年级家长的调查，其中一个提问是：“孩子开始上学，你感觉压力大吗？”63%的家长回答“压力大”，只有3.8%回答“压力很小”，可见担任“学生家长”角色后，一半以上的家长感到压力大，这就是“角色紧张”，第一次当“学生家长”，大部分家长都有“不太胜任”的紧张。

一年级家长焦虑的事情很多，一位妈妈总是在想：“我的孩子在班里表现怎么样啊？”另一位妈妈说：“我家孩子很胆小，会不会在学校受欺负啊？”还有妈妈对老师说：“幼儿园老师说我们家孩子很聪明，怎么到小学字都写不好呢？”也有单亲妈妈非常担心：因为是单亲家庭，孩子在学校的表现会不会很糟糕？还有妈妈说：“我小时候读书很轻松，成绩很好，怎么孩子不像我呢，读书这么费劲？”等等。

有一位妈妈因为紧张，想知道孩子在学校究竟怎么样，就提出要跟班观察，老师说这不可能，这位妈妈说我就站在窗外悄悄地看，当然，这也是不允许的。然后这位妈妈就隔三差五地到校长办公室去找校长，了解孩子的班主任怎么样，数学老师怎么样，英语老师怎么样，结果弄得自己更紧张。这种情况并不是家长不信任学校，去给学校添乱，而是因为不了解孩子的情况，心里发慌。

心里发慌的家长很容易对孩子突然变脸。孩子写作业有一点错，妈妈就非常严厉地指责孩子“怎么搞的”？如果考试没考好，更是发怒训斥，追究个没完，有的妈妈还可能动手体罚孩子，或者剥夺孩子一切喜欢的东西。经常把孩子训得大哭，妈妈却一点不心软，认为自己是为孩子好。

妈妈变成这个样子，孩子十分惶恐，不知道“好妈妈”为什么一下子就变成了“分数妈妈”“坏妈妈”！孩子不知所措。有的孩子哭闹着不上学了，要回幼儿园去，因为“妈妈不喜欢我了”“读幼儿园妈妈喜欢我”。有的孩子到了二三年级还胆怯，好哭，不喜欢上学，都与上一年级时家长的严厉有关。

家长自己可能也没意识到这种变化，家长要明白，孩子只有六七岁，他们不可能像成人一样理解上学的意义，问他们为什么要上学，有的孩子回答“大家都要上学的”“好玩”“学校有操场”，这是他们内心简单的真话。

一年级孩子要先适应“学生”这个角色，适应学校，那么一年级家长和孩子一样，也需要先适应“学生家长”这个角色，适应学校对孩子的要求，才能当好学生家长。如果家长没有做好心理准备，遇到孩子的学习问题就抓狂，又没有方法，就会干着急，乱发脾气。

孩子心思稚嫩，对学习很生疏，对老师、同学及学校都还没来得及熟悉，妈妈一夜之间变了脸，孩子更加不能适应，学习的困难就会更大。所以，家长自己先要适应学生家长这个新角色，才能帮助孩子好好上学、好好写作业。

二 想做好妈妈，又缺少方法

当学业成为家庭教育高度关注的热点时，家长很难躲过这种无形的压力。家长紧张、焦虑的一个原因，是不懂得一年级学习的重点是什么。有一项调查提问一年级家长：“你认为一年级家庭教育的重点是什么？”答案有几十种，如：“教育好子女”“讲学习的道理”“关心国家大事”“保证营养”“按时上学”等，只有少数家长回答“培养好习惯”“培养学习兴趣”是主要任务。

可见家长还不清楚一年级学习的重点任务，心中无数，于是很盲目。孩子的成绩不理想，他们焦虑，于是着急去补课；孩子成绩好，家长也焦虑，担心下一次要下降；担心老师不满意，担心孩子受委屈。这样处处都担心，感觉事情很难掌控，于是紧张焦虑，甚至整个家庭都患上焦虑症了，仔细想想，还是因为家长不知道重点在哪里。

第二个原因是家长“怕输”。曾经在一次新生家长会上，一个小女孩代表全体一年级新生给家长致辞，她声音清脆、落落大方。女孩的妈妈笑得非常开心，感觉自己培养了六年，女儿太争气了！但小女孩的致辞却弄得小女孩这个班乃至整个小区的一年级家长都感到了压力，心想人家的孩子怎么这样优秀呢？好像自己的孩子已经输了。

虽然这件事情不大，我们从中却读到了家长怕输的心态。有位妈妈说，我们家条件不如别人，孩子“无爹可拼”，就拼我这个当妈妈的时间和精力吧，再苦再累我也扛着。于是她全力投入孩子的学习辅导。家长这样如临大敌的情绪，对孩子的学习促进不大，反而弄得家庭的气氛很严肃，甚至有点“悲壮”。家长切记，这是大可不必的。

孩子上学，真的不需要家长这样激烈的情绪状态。在孩子眼里，温和的妈妈变成了情绪激烈的妈妈，这种气氛会扰乱孩子的学习心态，增加孩子的心理负担，更加不容易学好。

三　“好妈妈”怎么才不会变成“分数妈妈”

一年级孩子学的课程本身是简单的，但一年级的起步却是复杂而独特的，懂孩子的老师才能胜任。所以经验丰富的校长配备一年级的教师就很讲究，都要挑选爱孩子、有耐心、有经验、能力强的教师担任。同样，懂孩子、有耐心的家长，才能带出好孩子。

（一）懂得错题的价值，就不会变成分数妈妈、坏妈妈

一年级孩子做错题的时候，最能看出是“好妈妈”还是狼一样的妈妈。有的家长最见不得孩子做错题，一个一年级孩子在自己房间里写数学作业，当会计的妈妈先去辅导，一看见孩子要做错，就压不住怒气，又担心影响孩子，于是压着火气走出房间；然后计算机专业的爸爸去辅导，同样又被气得不行，只好离开；外婆又去……一家三个成人，两个数学专业的家长，就这样被孩子要算错题弄得气急败坏、欲哭无泪。

从这件事我们看出，家长虽然努力控制着自己的怒气离开了房间，但家长的焦虑，孩子还是能感受得到，整个家庭的氛围也弄得非常糟糕。为什么家长这么心急火燎、这么不能容忍孩子出错呢？

著名心理学家皮亚杰说："要学会正确的东西，错误是必需的，有的错误是高级的，它本身就是有价值的一种学习。"[1]孩子才刚刚开始学习，做错题就是一种找到正确答案的学习过程，是很有价值的。家长要去了解孩子做题的过程，从过程中发现孩子为什么会错、正确的做法是什么，才能找到原因，学会正确的做法。

有研究证明，在学习过程中及时告知做对或做错了，学习效果最好。如果孩子只是做题，不知道对错，也不知道为什么对、为什么错，学习

①施良方著：《学习论》，人民教育出版社2001，第194页。

效果是最差的。所以家长要在孩子做题过程中适当参与，这样孩子做错了，才知道是怎么做错的。这样家长就能心平气和，孩子也才可能专心去做题。平常我们说要关注学习过程，不只是关心结果，就是这个意思。

（二）控制好自己的脾气，就不会变成坏妈妈

家长一定要学会控制自己的坏脾气，你对孩子是怎样的脾气，孩子还给你的就是什么样的福气。很多失败的家庭教育，都是从家长的坏脾气开始的。

家长对孩子的学习不能投入太强烈的情绪，无论孩子学习好不好，都要理性对待。有的妈妈看见孩子得了满分就兴奋至极，认为孩子的学习从此没有大问题；若是哪一次成绩下降了又着急起来，认为孩子要输在起跑线上。

家长要把自己的心态放淡定，要降低自己的焦虑，因为焦虑状态下的家长最容易产生攻击的、挑剔的心态，女性尤其如此。有的妈妈情绪很容易失控，“一点就燃”，不问清楚情况就爆发，像是火药筒子，六七岁的孩子哪里经得起妈妈这样经常性的“情绪家暴”？

好妈妈要像另一个孩子写的“妈妈是草原，我是羊，是草原上放牧着的小羊”。小羊就是刚上学的孩子，草原宽阔、温暖，就像妈妈的温和鼓励包围着孩子，这是多么温馨、动人的一幅画！古人说“母者，牧也。”好妈妈就是广阔的草原，孩子就是茁壮成长的小羊。

家长切记，孩子写作业最不需要家长的焦虑，尤其孩子用

脑思考的时候，家长的情绪一定要平和的，说话的语气是平静的。孩子写不好、算错题的时候，好妈妈应该说的是“不着急，再算算”。有位妈妈说，孩子很喜欢抢快做题，一算题就急着往前赶，结果老是算错，或者算对了，写在本子上又写错了。妈妈一次次地告诉他，要算得又快又好，最不能着急，不能只想着快，要专心去计算，才能真正算得又快又准。所以看到孩子着急，她总是说，“不着急，专心算”，这样在孩子计算的过程中，注意力很集中，算错题的情况逐渐减少。

能够营造这种安全、温暖、鼓励、支持、探讨的学习氛围的妈妈，就是能让孩子好好用脑学习的好妈妈。

怎样给一年级孩子提要求

孩子开始上学了，家长都要叮嘱孩子：“上课要专心听讲。”孩子点头答应，但很可能孩子并不清楚怎样才叫专心听讲。家长要讲得很具体，比如：耳朵要一直听着老师在说什么，记住老师讲的什么……

对刚刚上学的一年级的孩子，家长应该怎样向他们提要求呢？

一 提要求要具体、明白

一年级孩子只有六七岁，词汇量少，理解力有限，凡事都要一点一点具体讲清楚，孩子才能明白是怎么回事。所以家长提要求不能泛泛而谈。比如一位家长要求孩子："你要养成好习惯""你要学会自理"，另一位家长说："你每天要按时起床，按时睡觉""你要学会自己收拾书包"。那么哪位家长提的要求孩子更容易听懂、更容易做到呢？答案是后面那位家长。

前面那位家长要求孩子"养成好习惯"是对的，可是一年级孩子才六七岁，并不知道怎么做才是好习惯，所以家长的要求要具体明白。按时起床、按时睡觉、先写作业后玩，这样的要求就很具体、明白，孩子能听懂、也能照着做。同样，要求"每天自己削铅笔，自己收拾书包”就比“你要学会自理”具体明白，“要诚实，不抄别人的作业”就比“你要品德好”具体明白。这样孩子就能明白家长的要求，认真去做。

二 一次不能提多个要求

孩子上学后，家长对孩子必须要提要求，让孩子遵守学校的经律。但是家长不能一下子提出很多要求，如“上课专心”“认真作业”“听老师的话”“爱清洁”“字要写好”“不贪玩”“不迟到”“不乱花钱”“要刻苦”“有礼貌”“要当三好生”等等。虽然这些要求没什么不对，但孩子刚上学，这些要求太密集，孩子无所适从 ，家长教育孩子就过于急切了。

据调查，入学后有一半左右的孩子早上起不来，晚上不能按时睡觉；10%的孩子不能自己穿好衣服，要妈妈穿，还有吃饭要人一口一口喂；入学三个月后调查显示，有36%的孩子仍然不能按时起床，12%的孩子睡眠在八小时以下。睡眠、营

你要上课专心，认真作业，听老师的话，不迟到，
爱清洁，字要写好，不贪玩，
不乱花钱，要刻苦，
有礼貌，要当三好学生，Bala、Bala……

养是大事情，家长就针对这一点来提要求，一次只提一个要求。比如：每天按时起床，就一个要求，要求孩子做到，其他习惯下次再做要求，如饮食、洗漱的自理。再说学习习惯，如：听课习惯、作业习惯、自律习惯等。

例如学习习惯，要求孩子作业前先准备好铅笔、作业本，就只提这一个要求，其他的要求：写作业时不玩耍、不走动、不分心、不停笔、写作业时保持 10 ~ 15 分钟的专注等，以后再分别、逐步提出要求。这样坚持一段时间，基本的好习惯就能养成，孩子才能有切实的进步。

一位家长说，以前不懂这一点，孩子从早上起床到下午放学回家、晚上洗漱睡觉，一直都被批评，起床被批评你要怎样才对、洗漱被指责不应该拖拉、早餐被讲道理你不能挑食、写作业被要求写字姿势怎样才对……孩子一整天从头到脚都在被要求，六七岁的孩子饱受精神折磨，现在想来非常心痛。幸好改变了方法，一次只提一个要求，孩子的习惯慢慢好起来。做对之后要及时肯定和鼓励，则能事半功倍。提要求讲究方法太重要了。

三 提要求，重在“去做到”

好习惯是养成的，提出了要求，就“去做到”，而不是反复讲道理。比如按时起床这个习惯，不在于每天催促无数遍，而是要求每天做到、必须做到。有的家长不停地催促："起来起来！快点，快点！"孩子依旧慢慢吞吞，家长弄得筋疲力尽、心烦意乱，这种督促有什么用呢？越督促，孩子越拖拉。所以有家长说："一个早上下来，等孩子出了门，我已累得不行，甚至是气得不行了。"孩子每天都要上学，这样折腾家长受不了，孩子更受不了，这也不是读书学习的法子。

家长提要求重在孩子“去做到”，所以要长话短说，不要反复讲道理，为什么要提这个要求，你做不到会怎样怎样，更不能大事小事都干涉，没完没了。家长的絮絮叨叨、指责数落，会让孩子很烦躁，但心情很坏，又没办法，怎么可能安心写作业？

有家长说，没办法呀，因为孩子拖拉自己不得不唠叨，其实事情恰恰是相反的：家长唠叨、孩子才拖拉，家长越唠叨，孩子越拖拉。唠叨是几乎无效的催促，是单调沉闷的重复，让人疲惫、厌倦甚至懒于动弹。

有位家长就做得不错，在开学时她告诉孩子：“现在你每天必须要做好的一件事，就是按时睡觉和按时起床，闹钟响了就起床，时间到了一定要去睡觉。”别的学习习惯暂时不要求，让孩子感到这件事的重要。之后她每天都督促这一件事，孩子有做不到的时候，或者孩子讲条件要晚一点睡觉，她非常坚决地说：“这件事必须做到。”不许孩子拖拉、讨价还价；而孩子做到了，她就很高兴地说，“这样就好，做到了就是最了不起的！”也可以给孩子适当的小奖品。

这样用了一个月的时间，孩子就养成了按时起居的好习惯。生物钟也不会被打乱，到时候孩子就醒了，晚上也很快就入睡了，睡眠质量很高，孩子上课时精神饱满，这位家长说，如果不这样坚持要求他去做到，恐怕一学期也养不成这个好习惯。

的确是这样，有的家长提要求不得法，只是在嘴上说你要怎样，没有坚持要求孩子“去做到”，结果从小学一年级就提这个要求，一直提到初中，孩子仍然是早上起不来，晚上不按时睡，坏习惯经过六七年的重复，已经很固定了，更难纠正。古人说养好习惯“贵习”，“习”，就是一遍一遍地坚持做到，“贵习”就是贵在坚持去做到。

四 提要求的几点艺术

家长给孩子提要求不能“想起一出是一出”，要在脑子里转三圈，确定了要提这个要求，再说出来，说出自己要求的时候，一定要考虑时间、地点、场合。

1. 孩子学习、用脑时不提要求，以免干扰孩子的思路，保证孩子集中注意力。

2. 孩子疲惫的时候不提要求。人在疲惫的时候，各方面状态都处于低水平，对所有要求的反应都会很迟钝，这个时候家长除了“现在你要好好休息，不要写作业”这种要求，其他要求都不要提。比如每天孩子放学、家长下班、晚饭前一个多小时，小孩大人都是一天中最疲惫的时候，就不适合提要求。研究表明，家庭爆发的冲突，发生在这个时间段的比例很高。早上赶时间上学上班的家庭，爆发亲子冲突的也比较多，虽然不是疲惫原因，但早上时间短，心情急迫，也很容易情绪失控。

3. 有外人在场一般不提要求。古人很讲究说话的恰当时间，也就是“言贵时”，说话贵在讲究恰当的时间场合，有的要求往往是因为孩子没做到、没做好，家长带有批评指责，所以要避开外人在场，尤其是孩子的同学、伙伴在场，家长更要考虑孩子的感受，保护孩子的自尊。这也是家长在给孩子示范，什么叫“言贵时”，什么场合该说、该怎样说，都要考虑恰当。

4. 家长自己情绪不好时，不给孩子提要求，以免因心情恶化、情绪失控，制造情绪家暴。

5. 不随便提要求。有的家长对孩子提要求很随便，几乎随口就是一个要求。看见孩子放学进屋子没洗手，就立即说“从明天起你必须进屋就洗手”；转眼见孩子书包放在沙发上，又

立刻说“你要记住把书包放在自己书桌旁边”；过一会见孩子的书桌很乱，就说“你看你桌子上乱成这样，我给你说的什么？记住每天写作业前先收拾自己的书桌！”……

从孩子出现在眼前，一举手一投足都有一个要求。这是非常混乱的要求，六七岁的孩子能做到吗？他们才六七岁，怎么可能去满足家长这样随心所欲的、混乱的要求？这是家长自身的问题，这类家长最需要提升自己的教育能力。一般来说，性格比较懦弱的人、比较情绪化的人、依赖性强的人容易这样像唠叨一样提要求，这类性格的家长应该有意识地做一些改变。

有人说辛苦总能换来收获，实际上不断地“严格要求”孩子，最终可能一无所获，甚至收获负数。

什么样的家庭氛围适合孩子学习

一年级的小孩子经不起家长长篇大论地讲道理，有一年级班主任在开家长会的时候就给家长说：“六七岁的孩子经不起你们讲很多道理的，他们放学的时候已经比较疲倦了，等你们把道理讲完，他们已经困得没法写作业了。希望你们学会说短话。如果要说长一点的话，那就要讲故事，而不用讲道理。”这位班主任讲的意思就是家长要知道怎样跟孩子说话。

适宜孩子学习的家庭氛围有物质方面的，比如孩子

有自己独立的书桌、小书架，自己喜欢的书和绘本，不伤眼睛的台灯、高矮合适的桌椅，这样能帮助孩子很快进入学习状态。比如孩子写作业最好用台灯，台灯比天花板上吊灯的光线充足，光线更集中，有利于孩子集中注意力，有利于看书、写字。

有些孩子的书桌又小又矮，从三岁一直用到上小学，家长觉得还可以将就，而孩子个子长高了很多，只能弓着背写作业，脊柱弯曲严重，这就极不适宜孩子学习，家长对这个问题要敏感一些才对。也有的孩子各种图书、课本堆得满床都是，家长却不知道添置书架，这样才有助于孩子阅读。现在大部分家庭都具有提供这样环境的物质条件，关键是家长要有这个意识，给孩子配置适宜他们读书学习的用具。

适宜孩子读书学习的家庭氛围，更重要的是精神的、心理的环境，如家庭的文化氛围、空间秩序、家庭成员关系、言语行为方式等，这些因素对孩子的学习影响更大、更持久。适宜孩子学习的家庭精神氛围，家长要做好几点：忌说教、忌杂乱无章、忌严厉冷漠。

著名的哲学家老子曾说："有之以为利，无之以为用。"意思是说，有形的东西发挥作用，是因为无形之中在起作用，是那种看似什么也没有的空间在起作用。家庭教育就是这样，看起来并没有"教育"的氛围，实际上才是最适宜孩子学习的氛围。

一　不说教的氛围，适宜孩子读书学习

有位一年级孩子的妈妈说，自己也曾经知性美丽、举止优雅，但自从孩子上了学，担心的东西就越来越多：孩子吃饭少了，睡觉少了，考试少了几分，跟同学吵架了。什么都变得特

别重要，什么道理都想要几十遍地说给孩子，生怕他不懂我讲的道理很重要。之前很难想象，我这个优雅的妈妈成了喋喋不休的家庭妇女！

正因为有各种各样的“不放心”，家长就忍不住要给孩子讲道理，以为孩子懂了道理就能表现好，事情却恰恰相反，孩子最反感叨叨叨讲道理，躲避不及，哪里还听得进去呢？有个三年级孩子的作文写道：“爸爸有个缺点就是很爱讲道理，有次我头疼不去看病，爸爸就讲了一个晚上的道理，我听了头更加疼了。”

有个四年级的男孩写作文说：“妈妈批评我的时候，要说很多道理，我望着别处，妈妈说我不听话，我低头听着，妈妈又很生气地说我看着地下有什么用！真是度日如年哦。”

有的家长认为家庭教育要经常讲很多道理，其实不是这样。家庭教育是在生活中教育，重要品质都是在生活中养成，潜移默化的。像春雨润物、细静无声的氛围，才最适宜孩子读书学习，有安静温暖的家、安静的内心，孩子才能专心地写作业，认真思考问题。

为什么家长喜欢说教呢？一般来说，紧张的家长容易说教，孩子上学后家长自己压力大，总不放心，无意间就要反复交代、

叮嘱、讲道理，而且不认为自己在说教，反而指责孩子“你要是能好好写作业，我还会给你讲道理吗？”“你不懂道理我才讲道理呀”。所以要根除说教气氛，家长先改变自己，自己变了，家庭的氛围就慢慢好起来，孩子也慢慢地就会好起来。那么有哪些方法可以帮助家长不再说教呢？

（一）家长要学着说短话

“叨叨叨”的语音重复，会使人产生“心理惰性”，具有催眠作用，产生一种模糊感觉，明明在听，却听不进去。而孩子这种心不在焉的样子，又让家长很生气，于是又开始讲道理。整个家庭气氛都好不起来。

家长应该给自己定个时间，一次交代事情不超过三分钟，大多数时候一两分钟就足够把一件事交代清楚了，家长可以试试，看说短话的效果好，还是叨叨叨地说很多话效果好。有个一年级孩子说：妈妈说事情很久才说得完，她说的事情我只记得最后说的，前面的已经忘记了。可见家长琐碎啰嗦的反复叮嘱，反而弄得孩子不知所措。

（二）事不过三

如果自己说了三次以上孩子还是做不到，就得暂时缓缓，给孩子时间和空间，一定不能又开始给孩子分析“为什么做不到”的道理。孩子暂时做不到的，讲道理也没有用。这个时候家长要做的就是学会等待，效果才好。孩子各种能力的生长是从量变到质变的，通过他们自己的经验积累、领悟，到某个节点上，忽然一下子就会了，就做到了，而且可能好得超乎家长的想象，一直说教却没有效果。

二 安全、安静的家庭氛围适宜孩子读书学习

（一）安全的家庭氛围适宜孩子读书学习

两千多年前，孟子提出了“父子之间不责善。责善则离，离则不祥莫大焉”[①]。“责善”，就是要求孩子面面俱到，什么都要做好，而孩子做不到，父母就失望、惩罚，导致亲子冲突、埋怨，亲情就丢失了，这是很不吉利的事情。比如孩子上学了，父母的期待太多，而孩子一下子达不到父母的要求，于是父母很严厉地指责孩子，孩子害怕、恐惧甚至怨恨，结果亲情相离，因为爱孩子去要求孩子优秀，结果反而伤了孩子，孩子做不到又伤了父母的心，这就是“责善则离”。所以孟子主张“父子之间不责善”，“责善”是朋友之道，而非父子之道。

家是让家庭成员放松、休息，恢复精力的地方，家庭成员之间的亲密关系比什么都重要。孩子紧张学习一天，更需要家庭的温暖、安全。家长不要把家里弄得像是公堂一样严肃，孩子回到家里也不敢放松。有的家长看到孩子放学了，一句好话都没有，也不关心孩子今天在学校遇到什么不高兴的事情，马

① 《孟子·离娄上》。

上就是冷冰冰的指令："去写作业！"然后就是"如果写不好，看我怎么收拾你"之类的严厉警告。

也有家长在孩子写作业时，如狼似虎般地守在一旁，孩子稍有出错，就大声训斥，甚至一耳光打过去。家长们要知道：这是孩子的家，是他们最能放松心情、休息大脑的地方，但是他们紧张学习一天，回到家里却战战兢兢，大气都不敢出……要知道他们只有六七岁，我只想一问再问这样的家长：怎么忍心？怎么不心疼？

家长不要只要求孩子学习好，你先给孩子一个适宜读书学习的安全的家庭氛围，才有资格给孩子提要求。家长们请

牢记，家庭里的紧张就是孩子学习不良的主要原因。孩子学习困难，大部分都与家庭的紧张气氛有关。

我们常说惊慌失措，人一惊慌往往会失措，就不知道怎么办了，惊慌能严重压抑和扰乱大脑。孩子如果惊慌失措，根本不可能学好语文、数学。家长的怨气、责骂、挑剔，孩子回家得不到安全、爱、温暖，内心恐惧不安，加上孩子年幼，怎么可能专心学习、好好思考呢？

一年级孩子才刚开始读书，做不好是正常的，家长不能因此就乱发脾气，如果把家庭氛围弄得一团糟，要指望孩子好好写作业，好好上学，基本上都是空想。

（二）安静的家庭氛围适宜孩子读书学习

适宜孩子读书学习的家庭氛围是安静的，而不是轰轰烈烈的。有的家长把家庭教育弄得热闹非凡，给孩子制订许多教育计划，孩子忙碌，家长更忙碌，学这学那，气势很大，实际上却杂乱无章。

孩子的大部分时间都在学校上学，时间精力都有限，对家长制订的计划，只能匆匆忙忙地乱学一阵，看似热闹，却只蜻蜓点水，耗费了时间金钱，收获的却是杂乱无章的热闹一场。

从小学到高中，上学的时间长达十二年甚至更长，轰轰烈烈、杂乱无章的学习难以持久。适宜孩子十几年学习的家庭气氛也应该是安静、有条不紊的。

家长需要做的心理准备

有位家长在咨询时对我说："我完全没有料到，孩子入学后学习会这样差！以前在幼儿园挺优秀的，老师说他素质不错，而现在考试总排在后面，几乎成了差生，我被打击到几乎崩溃，赶紧带他来测试一下，看看是不是智力有问题。"也有家长会被孩子的上学后的各种"缺点"、不合要求的表现弄得措手不及，类似这样心慌意乱的一年级家长还不少，原因还是家长没有做好相应的心理准备。那么，孩子要上一年级，家长要做哪些心理准备呢？

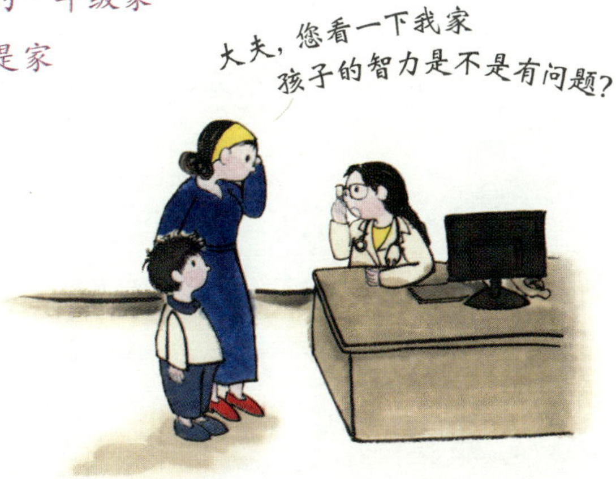

大夫，您看一下我家孩子的智力是不是有问题？

一 只有少数孩子一开始就适应学校

有的孩子在幼儿园表现很好，很出众，家长就会认为孩子上小学后也会表现出众，超过大多数同学，然而事实上却完全不是那样。老师反映孩子问题很多：不专心、动作慢、和同桌合不来、字写不好……家长完全傻掉了“怎么会这样？幼儿园的老师说她很聪明哦”，接受不了孩子的这些“缺点”“错误”。

其实孩子的“错误”只是成长中的不成熟，而且又岂止出现在一年级？孩子的学习过程少则九年，多则十几年，恐怕令家长头痛的“种种不是”后面还会不少，家长得有相当的心理准备，才能理性对待。

家长缺乏心理准备，就不能接受孩子的“错误”“缺点”，

实际上这不是孩子的缺点，而是孩子幼小衔接过程中正常的“不适应”，从幼儿园到小学，只有少数孩子一上学就能很快适应学校要求，一个班只有三五个这样的孩子，听话、自觉、守纪律、学习好。家长一定要清楚，大多数孩子都做不到，自己的孩子若在大多数之列，就在正常范围中，如果属于那三五个孩子的范围，那是幸运（当然也不能保证以后会一直名列前茅），这是家长要做好的心理准备，要调整好自己的心理预期。

二 孩子的学习会进退起伏

一个孩子上学后的几次测验都是99分、100分，后来一次就只有97分，而全班大部分都是满分，但是孩子的妈妈并没有着急，也没有拿着试卷去追问孩子：“全班大部分都是满分，你怎么丢了3分？”

这位妈妈为什么可以这样理智沉稳，因为她觉得孩子刚刚上学，还不能很好地掌控学习过程，学习能力基本是零起步，怎么可能保持学习的稳定呢？如果去追问孩子，孩子肯定自己也搞不清楚为什么会做错。看来这位妈妈对一年级孩子的学习会起伏不定有很充分的心理准备。

那么一年级家长遇到孩子学习起伏不定，尤其是遇到失分的时候该怎样做呢？正确的做法是家长先看看错在哪里，不用追问、责备，如果孩子第二次出同样的错，比如看错了符号，把加号看成减号，或者把题做漏掉了，或者是同一个字又写错了，家长可以给孩子给孩子讲，让孩子重视把题听清楚、把符号看清楚、把写错的字多纠正几遍。而且，即使家长这样交代了，孩子下一次仍然可能出错，这是家长需要做好的心理准备。

再往前看，小学、中学共十二年时间，学习的进退起伏会一直伴随着孩子，而且越到高年级进退起伏越明显，所以一年级家长计较孩子测验丢了三五分，从根本上讲意义不大，反而因为求全责备，伤了孩子的学习兴趣，很不值得。孩子的学习要稳定上升，保持到高中，关键还在学习能力的稳步提高，而要提高学习能力，就不要怕孩子出错，如果反复纠缠于孩子出错，或者惩罚孩子出错，那么只能降低孩子的学习动力，却不能提高孩子的学习能力。

三 孩子“缺点”不少

孩子刚上学，会表现出不少的“缺点”，对此家长要有心理准备，如不自觉、粗心、坐不住、贪玩、记不住任务等，这些都是一年级孩子的正常状况。如：专心这个问题，六七岁孩子专注用脑只有十五分钟左右，不可能长时间专心学习，这不是孩子的缺点，是神经系统发育还不成熟的特点；又如：自觉性，小学生从一二年级开始到五年级，自觉性都在下降，三四年级的时候特别调皮，自控力差，到五年级才又稳定上升，这是儿童少年发展的规律和特点。家长懂得这是正常过程，就能有心理准备，有耐心。

那么，孩子“喜欢玩”是缺点吗？不少家长心目中的好学生、好孩子都是“不喜欢玩”“喜欢看书”的，所以我经常听到家长埋怨孩子“喜欢玩”，不喜欢写作业，不喜欢看书。这是家长的误解，孩子“喜欢玩”不能算缺点，不但一年级的孩子喜欢玩，整个小学阶段，孩子都喜欢玩。

好孩子应该喜欢学习，也喜欢玩耍，既喜欢看书，也喜欢运动。如果到了小学中高年级的时候，孩子还是“只知道玩”，不喜欢看书，不好好写作业，那就是缺点了。

所以，一年级家长的任务不是简单地禁止孩子玩耍，而是教他们会学习也会玩。因为玩耍、运动是孩子们健康成长的必

须条件，如果家长为了促进孩子学习就不准孩子玩，就顾此失彼了。

那么在一年级，哪些表现算是缺点呢？一年级孩子最需要纠正的缺点是：习惯不好。比如：早上起不来，晚上不按时睡觉的坏习惯；比如零食当正餐的坏习惯；比如写作业拖拉的坏习惯等，都需要家长非常重视，一定要纠正。（详见“哪些现象不必担心，哪些现象要认真对待”“一年级必须养成的三个好习惯”。）

四 老师对孩子不满意

凡是做家长的，都希望老师对自己的孩子很满意，那样家长会放心很多。一个家长说，只要老师对孩子满意，我的心就妥妥的不乱跳，只要听到老师说孩子表现不大好，那么全世界都没有人可以让我踏实。我在一个小学一年级跟班调查的时候，班主任给一位父亲打电话，请他方便的时候到学校去一趟，孩子最近出了点小状况。这位父亲是做装修的师傅，不知道孩子在学校犯了什么错误，心烦意乱，顾不上业主说耽误了工期要扣装修费，立即开了几个小时的车赶到学校，已是傍晚，当时

我也在教室和老师一起在等这位父亲。

这位父亲看到在教室里等他的老师和儿子，因为太担心，堂堂男子汉禁不住抹起了眼泪。他对老师说，我最怕儿子惹老师生气，是不是他惹祸了？老师赶紧说不是的，这段时间这孩子上午上课都趴着，很不专心，所以才请家长到学校仔细了解一下情况，没想到家长这么急就赶来了。这位父亲工作服上满是装修的灰浆，他的焦虑让我很揪心，因为担心老师对孩子不满意，他才如此焦虑。所以这里我想告诉一年级的新生家长以及其他家长，老师对孩子不满意，是家长要做好的心理准备。

六七岁的孩子还很稚嫩，他们当中只有少数孩子能有稳定的表现。大多数家长都要有心理准备，教师对你的孩子可能有这样那样的不满，这种不满可能使家长难受、难堪。如有的家长身居要职，管理成百上千人，有的家长自己也从事教育，而孩子的老师可能会非常不满地说："你还在管别人、教育别人，怎么连自己的孩子都管不好！"让家长"无地自容"，于是转而向孩子发火"你为啥不争气""不给我争面子"等。

孩子只有六七岁，有的孩子很乖很听话，能跟上老师的要求，家长的压力要小一些，但有的孩子调皮，跟不上老师的要求，家长的压力就大些。尤其男孩子的家长，需要更充分的心理准备。因为男孩子适应学校的规范要慢得多，教师的告状、诉苦、不满就多很多，这是男孩子的特点决定的，如果家长有了心理准备，就能比较客观地看待教师对孩子的不满，不至于那么焦虑，更有耐心些。

家长要懂得教育的复杂性，有的因素是我们家长难以掌控的，教育过程中的不确定因素很多，对此家长也要有心理准备，把孩子成长的起伏曲折估计得更充分一些，自己的家庭教育就主动一些。

小学男孩和女孩学习的差异

我曾在一个小学看见选出来的大队委照片，七个之中有两个男孩，我心想这个学校还可以，很容忍男孩的“缺点”，待凑近仔细看，一个劳动委员，一个体育委员！大队长、学习委员、文艺委员等“要害”部门的职位都是女孩，小学鲜明的“女性文化”特征可见一斑。

这些年我在接到小学生家长咨询的时候，一定要问“男孩还是女孩”，言下之意，男孩和女孩在小学阶段的学习特点有很大差异。事实上也是的，小学品学兼优的学生大部分是女孩，总体上男孩在小学的学习成绩、纪律、自控力、专注力都不如女孩，这成为小学阶段普遍的一种性别差异现象。那么为什么会有这样的差异呢？

一 智能发展女孩早于男孩

人类男性和女性智能总水平是持平的，但在儿童的学前阶段，女孩智能发育比男孩早一至一年半，所以六岁上一年级时，女孩的心理年龄实际上比男孩要大一至一岁半，学习能力总体上比男孩强，这种优势一直持续到小学阶段后期。所以整个小学阶段女孩的学习成绩总体上占优势，而男孩进入青春期（十二至十五岁）以后，智能发育才与女孩持平，女孩学习的优势逐渐减弱，大量事实也证明了这一点，而且这种差异不因家长的愿望而改变。

尤其是语言发展，女孩更占优势。一次我旁听一年级的班会，孩子们到讲台上总结自己上学后有哪些进步，男孩与女孩的语言能力的差异就非常明显，我统计了一下，女孩平均可以有三至四句话概括自己的进步，句子完整，有头有尾的："这学期我更喜欢上学了，字写得更好了，也喜欢做公益了。""以前我不喜欢跑步，现在我特别喜欢跑步，还得了第一名。"都说得很清楚，还有一个女孩说："这学期我在老师的教育下学会了认真听课，写作业更仔细了，更喜欢我们这个班了，我以后还要……"口齿伶俐，语句流畅，给人滔滔不绝的感觉。

而男孩子平均只有一至一句半话，大多数男孩都是一句话："我觉得我更喜欢看书了""我会自己收拾书包了""我觉得我更能干了"，而且有的孩子一句话都断断续续不连贯："我觉得……我觉得……这学期……更勇敢了"，这时候老师帮他补充问道"什么事情更勇敢了？"男孩子说"踢足球"，老师又

大家说说，哪里进步了？
以前我不喜欢跑步
现在喜欢了，还得了第一名.
我……我……

教他把句子说完整："我踢足球时更勇敢了。"

在语言的理解力方面，一年级男孩更是懵的。有个小男孩因为各方面都跟不上进度，他妈妈带他去咨询，妈妈告诉咨询者说，他已经被老师认为是差生了，这孩子立即纠正他妈妈、天真地说："老师说我是差生里面好的一个。"完全不知差生是什么意思，这种理解力让家长哭笑不得。

因为语言能力的差异，语文课看图说话、造句、朗读、简单阅读的成绩，女孩的优势很明显，这一点家长必须接受现实，接受科学的规律，不能逼男孩达到女孩的语言水平。况且，逼也没用。就像到了中学阶段，大部分女生数学物理不及男生一样，逼也没用。

二 自控力、专注力发展女孩早于男孩

一年级阶段，女孩除了智能发展优于男孩，自控力、专注力这些方面都强于男孩，男孩的专注力一般到初中阶段，才真

正发展起来。因此，小学阶段男孩适应学校要求不及女孩。

男孩的自控力不及女孩，常常辜负老师和学校的栽培。有个小男生学习成绩好，体育也好，又有组织能力，可是老师说两年内他“三上三下”，因为总要犯一些错误，如好争辩、和同学打架，老师只好将他“罢官”，待表现好了再复职，如是者三。在我看来，这原本就是一年级男孩最正常的特点。

在身体控制和协调方面，男孩也不如女孩。我在小学看一个班的孩子在操场手拉手成一个大圆圈玩游戏，女孩子这半边很快就拉好手并形成了半圆，而男孩子那一半却东倒西歪老是拉不起手，拉起了手又成不了圆圈，拉过去拉过来，形状一会

儿扁一会圆的，老师一个个去安排站好才基本成形，很费力；玩游戏的时候男孩子一会儿跳起来、一会儿离队，大呼小叫不停，而小女孩这半圆则安静地蹲着，安静地看着男生被老师批评，两边对比很鲜明。

由于这些差异，家长就要有心理准备，男孩子常常离不了这些“缺点”：坐不住、粗心、不认真、不自觉、贪玩、上课不专心、字写不好、没有耐性等，这些缺点使家长头痛万分、束手无策，深感“教育孩子怎么这样困难”！儿子保证了一百次“改正”，最终还是改不了。有的家长到了焦头烂额的地步，儿子仍然上天入地淘气异常，有家长咨询时沮丧万分，感到“天都快塌下来了”，遇到开家长会尽可能逃避，见老师就绕路走，在单位脸上无光，觉得“怎么生了这样一个儿子”！

也因为智能等方面发育早于男孩，加上女孩子天性温顺、柔和、好静、听话，必然深得老师的赞许。女孩集中了好学生几乎所有的优点：学习认真、自觉、细致、守纪律、有礼貌、从不添乱子，即使成绩差一点，但羔羊一样温顺的模样，谁也不忍心责备太多。所以女孩的家长承受的压力就小得多。

自控力、专注力、理解力发展晚于女孩，也不是男孩子的错，家长只能等待这个过程，虽然这个过程很煎熬，很无助，尤其是老师特别不满意的时候（老师管理一年级几十个孩子，难度很大），家长一定要把握好自己，不能将压力全部发泄到孩子身上，须知一年级的男孩，心理年龄只有四岁多五岁，家长若用高压、强制，不惜一切将孩子压得服服帖帖，就不利于男孩子的刚毅、独立、冒险、勇敢等男子汉气质的形成，心态和气质趋于女性化，那就是教育的悲剧了，是绝对不可取的。

三　如何培养优秀的男子汉

如何培养儿子成为一个优秀的男子汉呢？家长要明白这种差异是正常的，人为努力几乎无法改变。对男孩的家长来说，需要更多的等待、宽容、忍耐，包括忍耐教师的不满和批评。一个男孩很调皮，老师带字条要求家长到学校配合教育，父亲感觉太丢面子，于是将儿子教育一番之后问道，你能不能保证以后老师不再写字条回来？儿子不说话，家长很生气。其实家长心里就应该很清楚，即使儿子下了保证，也肯定做不到。因

为调皮的确不是男孩的错。

第一，让儿子参加系统的体育项目训练，让儿子能够有充分运动、提高力量的活动空间。要有意识地培养男子汉气质，有的家长把儿子压制在书桌旁，训练细心、坐得住，不惜牺牲男孩子的“刚性”，有的男孩子逐渐女性化倾向，变得细腻、顺从、胆小、多愁善感。这样的损失很大。

一个一年级男孩在全校得到校长的夸奖，他和校队的伙伴们一起参加比赛，为学校争得荣誉。他是年龄最小的队员。后来他在班里给同学们讲：“我开始参加校队训练时感觉太苦了，

现在我很能吃苦”！老师问他为什么能吃苦？他说“我是为了学校的荣誉吃苦”，“我们跑操场（练体能）有时候跑不动了，想到跑不快就不能打赢，就跑得动了”。同学们都为这个小男生不怕苦的气概鼓掌。我听了真的很感谢学校和家长，用体育项目的训练培养出这个具有强烈荣誉感的小小男子汉。

体育项目能唤起男孩子与生俱来的男子汉气概，勇敢、拼搏、担当、能输能赢、团结协作，但据教师反映，不少男孩“体质差”“小气”“爱哭”“要女生照顾”等女性化倾向明显，甚至有男生因为体育不达标，向老师要求体育标准与女生一致，理由是“男女应该平等”，这样的男生气质让人难以置信。

男孩子的优点是好动、顽皮、大胆，喜欢运动、冒险、喜欢动手，好奇心强，富于挑战性，独立性强，由于家长没有重视体育项目的重要价值，导致男孩子丢掉了可贵的天性，男子气越来越弱，这是非常可惜的。家长要好好保留男孩子的天性，让他们参加体育项目训练，成长为阳刚、勇敢的小男子汉。

第二，培养男孩子的责任感。能担责任是一个优秀男子汉的突出品质，家长希望儿子能成大事，就要从小培养儿子的责任意识，经常提醒儿子怎样才能担起责任。要大气、豁达，不许小肚鸡肠、斤斤计较；要独立面对，不依赖；善于合作，乐于助人，能团结人。

还有一个小男生，被老师们称为第三班主任，什么意思呢？小学的一个班有一个班主任，主要由语文老师担任，还有一个副班主任，一般是教数学的老师担任，这个小男生被家长培养得相当能干，很有担当、有组织能力，能替老师分担不少班里的事情，如带着同学领回全班的午餐，然后分餐，发水果，还能协助老师给同学的小纠纷断公道。我采访他的家长，他爸爸一句话就回答了一切：他生在九月初，是班里年龄最大的，我

最担心他一个男孩子没有担当，没有责任感，所以教他能干一点。这位家长真的是好见识，培养出有担当、有责任心的小小男子汉。

所以家长千万不要事事代替，把儿子宠溺成一个公子哥儿，衣来伸手，饭来张口，凡事都要别人照顾他，哪里可能有半点责任担当？最终导致败家败己，这一类家庭教育的教训很多。预防则要从一年级开始，让男孩子对自己的学习负责开始，在责任中成长起来。

第三，保留男孩子的“冒险”精神，不要把冒险精神矫正掉。世界很著名的西点军校，以培养最优秀的男子汉著称。西点军校认为，冒险精神是男儿的优秀品质，代表着人类的勇敢、坚毅、不断进取、克服困难的力量。冒险精神包含着毅力和胆量，不管是民族、国家还是个人，缺乏冒险精神都意味着停滞不前，不敢冒险就没有创新，就意味着失败。正如比尔·盖茨说："所谓机会，就是去尝试没有做过的事。不敢创新、不敢冒险，丢掉的是竞争力，成功的机会根本就没有，又哪来成功呢？"[①]

然而要保留男孩子的"冒险"并不容易，小学一年级的男孩在学习方面并无优势，一年级的学习也不需要冒险，而是要求细致、稳妥，写字不能错、算题不能错、排队不站错、老师说的话不能记错、交代的事情不能做错……男孩子很难适应"不出错"的要求，冒险精神更可能惹祸，与学校纪律格格不入，所以，建议家长认真考虑这个问题，放弃一些对好成绩的要求，尽可能保留他们的冒险、探索精神。我也经常对小学老师建议："希望各位高抬贵手，哪怕抬高一寸，你可能就保留了一个优秀的男子汉。"

世界上没有完全不用家长操心的学校教育，现在的家长承担了更复杂的教育任务，所以一年级家长要开始介入这些现实

①张铁成编著：《西点家训全书——用西点军校的方法培养杰出男孩》，新世界出版社2009，第121页。

与长远都要兼顾的复杂的教育问题。有一位妈妈就很懂得这一点，她说男孩子的家长不能死磕分数，因为死磕也出不了高分，要针对男孩子喜欢动手、富于冒险的特点，提供条件让孩子多动手、多操作，多参加多元智力活动，才不会把男孩子困在单纯的书本里面。

我们分析一下社会公认的成功男士，他们很多人说到童年，都有一个特点，就是比较自由的活动空间和比较自由的思维空间。有的是家长太忙顾不上管他们，有的是家长给他们提供了自由度比较大的空间。有一位很有成就的企业老总说，他从小学开始，数学做错了爸爸从来不会惩罚他，都是一句话“我们俩又有讨论的啦，来看看，怎么错的？”然后像是和学者讨论

问题那样，要他去想当时怎么会算错，他也就养成习惯，错了就去找原因，而不是害怕爸爸会怎么批评他。

还有一位老总说，他在学校遇到欺负，遇到坏孩子，从来不给家长讲，都是自己想办法应对、解决。

现在有不少学校已经意识到这个问题，有学校专门设计了“培养男子汉”的课程和作业，要求男生不轻易哭泣、掉眼泪，男生不在背后打小报告，男生要谦让女生，尤其不能辱骂女生，男生应主动抢着做搬桌凳等体力活，男生应有保护女生的意识等[①]，这就是很有价值的性别角色培养，让我很感欣慰，因为这个问题已经让我忧心了很长时间。

男孩女孩之间学习的差异问题，也有一些例外，无论男孩还是女孩，都有从小学到大学一直都非常优秀的，反之也有学习一直都不好的。家长不能盲目认为男孩到了中学就会更好，女孩子以后学习不行，这都没有依据。

---

①《重庆晚报》2013.1.27。

怎样夸奖一年级孩子

一项对一年级家长的调查表明：有27.3%的家长“夸奖多于批评”，有31.2%的家长“批评多于夸奖”，其他48.3%的家长使用“夸奖、批评差不多”。这些数据说明什么呢？说明有不少一年级家长还没有掌握夸奖的要领，还不会夸奖孩子。会夸奖并不等于只夸奖、不批评，而是要懂得其中的道理。

对一年级孩子，一定要多夸奖、少批评，夸奖多于批评。但是有家长说：“都懂得教育孩子要多夸奖的道理，也很想多肯定、多鼓励，但孩子反复犯同一个错误，我就失去了耐心。”也有家长说：“一见他做错题，心里一股火往上蹿——哪里还可能去夸奖他！”“自己也知道方法不对，但控制不住想揍人。”可见要做到多夸奖并不是一件容易的事情。

一 为什么对一年级孩子夸奖要多于批评

人类天性中最深切的渴望是“被人肯定”，这种渴望具有重要的生存意义。杜威认为，人类本质里最深远的驱动力是希望，具有某种重要性，渴望被人肯定。一年级孩子刚开始上学，什么都还不会，缺少知识，缺少能力，尤其需要成人的鼓励，渴望自己被肯定，才能有信心克服困难努力学习，如果家长一贯用批评去否定他们，这也不对那也不对，对孩子受到的打击会很大，不知道还可以从哪里去获得学习动力，那么问题就严重了。

理论和实际经验都证明，大多数情况下，用夸奖纠正孩子的缺点比用惩罚的效果要好，尤其对年龄小的孩子、自信不足、自卑的孩子，效果更突出。批评则要谨慎，最好暂时不用。另

有研究表明，奖惩对小学低年级学生的学习积极性影响最为明显，比其他任何年级都明显。老师和家长的肯定多，孩子的求知欲就高；批评惩罚多，则孩子的学习兴趣、求知欲就低。

用夸奖去纠正孩子的缺点，也是家长要掌握的教育方法，这种用夸奖去纠正孩子缺点的做法，是一种行为改变艺术，叫“正强化”。核心就是用夸奖去巩固孩子正确的行为。比如有位家长，想纠正孩子写作业不专心的问题，她就仔细留意孩子什么时候在专心写作业，有一次孩子很专心地写了大约五分钟的字，她赶紧夸奖孩子说：“你这次专心的时间好长啊，怎么

做到这样专心的呀？”孩子感到意外的高兴。

妈妈的夸奖唤起孩子积极愉快的心情，就能产生努力做到专心的愿望。虽然有反复，但家长耐心鼓励和坚持，孩子就会在专注力方面越来越进步，及时用夸奖强化“专心”这一正确的行为，也就用夸奖纠正了“不专心”的行为。

另一位家长也是用正强化纠正了孩子不按时睡觉的坏习惯。孩子经常不按时睡觉，早上起不来。有一天孩子按时去睡觉了，这位家长就好好地夸奖孩子，并且说要奖励孩子，这样来强化按时睡觉的好行为，孩子得到鼓励，会继续重复这一行为，按时睡觉，直至逐渐养成好习惯。

二 怎么夸奖孩子

夸奖孩子是有讲究的，方法不同，教育效果大不同。那么怎样夸奖孩子才算夸到了点子上呢？

（一）不要老是夸孩子“聪明”

有的家长喜欢夸孩子“聪明”“太聪明了”，也许这是事实，孩子的确很聪明，但老夸“聪明”并不利于孩子。“聪明”一般是指一个人的基本智力，基本智力是与生俱来的，并不是主观努力得到的，家长夸它孩子也不能再提高。

家长要夸奖的是孩子通过努力就可以改变的，比如专注学习，是努力就可以做到的，吃苦耐劳、认真踏实是后天能培养起来的。所以家长要多夸奖孩子后天努力的好品质。比如孩子认真钻研做出了一道难题，家长不应该夸“聪明”，而是要大大夸奖孩子“能吃苦，能自己钻研”，这才夸奖到了点子上。比如：“今天自己做完作业的，真能干！”“班干部落选没哭，有进步”等，夸奖很具体，孩子才知道怎样做是正确的。

掌握了好的学习方法也是家长要夸奖的，例如：“真棒！知道去查字典了。”而不说：“这个字都会读了，真聪明！”夸孩子“真乖！肯动脑筋”，而不说“这个问题都知道了，真聪明”等。

现在的家庭一两个孩子多个长辈，长辈之间夸奖也讲究场合，如奶奶打电话告诉孩子的母亲说这孩子不得了，聪明得很，连什么什么“他居然都会”一类的夸奖，如果孩子在旁边就极不妥当（除非有意识地需要给孩子自信）。孩子只有六七岁，这些夸奖会扰乱孩子单纯自然的心思，弄得孩子受宠若惊的样子，丢失了可贵的童心。

（二）夸奖孩子不用貌似公平

一个孩子看图说话，共四幅图，说对了两幅图，说错了两幅图，家长是夸奖还是批评？有家长因为孩子“错了一半”，就不肯夸奖，还批评了一顿，这看来是公平的，但只算是貌似公平。夸孩子没有统一标准，家长不要简单化地貌似公平，要看具体情况：如果是学习一贯好，很少说错的孩子，这次却说错了两幅图，就不宜夸奖；但如果是一个学习困难的孩子，看图说话一直说不好，现在说对了两幅图，家长就要好好地夸孩子一番，“好能干！一下子就说对了两幅图！”相信一定会鼓起孩子的信心。

（三）不能只会说“你真棒”“太好了”

夸奖孩子不是简单化地一味夸奖，对孩子成长中的各种不足，既容忍宽厚，又不放任。家长夸奖孩子要有良好的情绪分寸，理性，温和，尊重孩子。如果只会说“太好了”“太棒啦”，那就不是教育，而是表演了。

夸奖只是教育方法的一种，不会包治百病。曾有一则报道说，一个家长原本总是数落孩子成绩不好，后来听了讲座要多夸奖孩子，就改变方法，女儿考了 80 分，这位家长夸奖说：“太棒了，比上次提高了 2 分！”女儿很高兴；到下次只考了 75 分，女儿挺担心要被训，没想到这位家长说：“太好了！还差 25 分就 100 分了。”弄得女儿摸不着头脑，心想，这是什么意思啊？[①]

（四）孩子遭遇挫折时，家长要善用夸奖

孩子顺利时，如：评上“三好”，考了好分数，家长夸奖孩子并不难，一旦孩子遭到挫折，没当上班干部，分数不好，家长就觉得没什么可夸奖的。所以有孩子说：“唉，我不稀罕

①载《中国教育报》2016.9.25。

他们奖励我，只要我倒霉时他们不黑着脸，就算对我好了。”可见孩子遇到挫折最需要家长支持，这时候家长的夸奖有特别的功效。比如：“没评上三好生是很难受，能忍住没哭，真不错！”“考差了没灰心，就是好孩子。”家长及时强化孩子能扛住失败的心理素质，是很有教育含金量的夸奖！

三 批评孩子有哪些技巧

除了夸奖，教育孩子还必须要有惩罚。但家长要懂得一点，惩罚更适合用于制止某种行为，却不易唤起学习的主动性。比如孩子分心，如果用惩罚，看起来好像能专注一阵子，但未必是真正的专注。惩罚多了，反而使孩子更加分心，甚至厌学，拒绝学习，总在找理由逃避学习。

（一）作业写错了，应该否定答案、而不是批评孩子

有研究证明，学生学习字词的时候，如果没有任何肯定、否定，学生能掌握并记住的字词比例为10%，而得到正面肯定的（说“对的”）能记住20%，受到否定（说“不对”）的能记住15%～16%。说明肯定和否定都能提高正确率，否定答案没有降低效果，而是加强了[①]。

有的家长好像怕孩子似的，不敢说孩子不对；有的家长则是另一个极端，一年四季老是在批评孩子，让孩子总感到不对头。可见教育的复杂性。家长使用任何教育方法都不能走极端。

①施良方著：《学习论》，人民教育出版社2001，第36页。

批评孩子是家长表示不赞成孩子的某种行为，对一年级孩子的批评，不是不用，而是能不用就不用，一定慎用。

（二）批评要具体，就事论事

对六七岁的孩子，家长的批评要具体，就事论事，要让孩子明白自己做错了什么、正确的做法是什么。比如孩子不顺心就发脾气，家长就要告诉小孩子发脾气不对，不顺心时该怎样表达才是对的；孩子打人，就要指出打人不对，有问题要好好说，用语言解决；有孩子动辄哭哭啼啼的，正确的方式是要用正常语调说话；争抢东西是不对的，分享、交换是正确的；背后说坏话攻击人是不对的，合作、双赢才是对的等，总之家长要具体说清楚，批评才有效果。

（三）批评孩子不超过一分钟

批评孩子家长自己要控制情绪，对六七岁孩子批评的时间不超过一分钟，因为一年级孩子所犯的错，在一分钟之内都能说明白，这是错的。家长要不含糊地指出这是不良行为，说话要简短、冷静，切记不发牢骚、不唠叨抱怨。并在孩子改正时立即给予肯定，目的是让孩子明白，家长只是不喜欢他的那种行为，而不是不喜欢他。

改变声调也是表示不满的一种方法，家长批评的语气可以稍稍加重，让孩子感觉到家长的不同意，态度坚决。批评孩子可以提高嗓门，但一定不能大喊大叫，显得自己失去掌控，没办法，像是在发泄。

四　有缺点还是好孩子吗

有一项调查提问家长："你认为怎样才算好孩子？"大部分家长回答："学习优秀""双百分""班里前三名""德智

体全面发展”等，而“有缺点”“不听话”就不能算是好孩子，也有家长说“没有缺点”才是好孩子。那么什么是好孩子?

家长要懂得一个道理，小学是基础教育，是让每个孩子都得到良好的发展，为孩子一生打好基础，这个阶段是打基础，并不是像高考那样的淘汰竞争。学校的要求只要孩子做到合格，就是好孩子。

小学一年级更是如此，有时候全班一半的孩子考试都是满分，96 分的孩子在班里排名靠后，那么他是好孩子吗？肯定是的。好孩子不分第一第二，如果前三名、前十名才是好孩子，就不符合儿童成长的特点，也不符合基础教育的要求。

有个一年级的男孩子没评上三好生，老师在全班夸奖了评上“三好”的几个孩子，夸他们是好孩子，要全班向他们学习。男孩子回到家问妈妈：“妈妈，我是好孩子吗？”妈妈说：“你是好孩子。”“那为什么没评上‘三好’生？”这位家长很认真地说：“因为你还有不少缺点，你是有缺点的好孩子，以后不断改正缺点，就能当上‘三好’生。”这位妈妈就非常准确地理解了基础教育阶段，好孩子应该是绝大多数，而不只是前几名、“三好”生。

所以家长不能片面强调“好孩子没有缺点”，试想如果六七岁孩子能够面面俱到，“没有缺点”，处处能克己，处处无违，那还是六七岁的儿童吗？如果是“没有缺点”的一年级小男孩，还有冒险、捣蛋、粗线条的小男子汉吗？所以这种“老成”是不宜提倡的。正常的情况是，绝大部分孩子都是有缺点的好孩子。

这不等于缺点愈多愈好，也不是放任孩子的缺点，而是说，家长不能要求孩子没缺点，有一些缺点的孩子同样可以是好孩子。

这样教，孩子就能写好字

我在小学的高年级教室里看到有的孩子仍然写不好字，写字的姿势不对。一个男生写字时，头老是晃来晃去，握笔还像一年级刚开始学写字那样笨拙、要使很大的劲儿去写，所以写得很慢，写出的字又乱又看不清楚。这都是因为在上学之初没有重视写字的基本训练，到了中高年级，还不能写出规范、端正的字来，达不到学校的标准。

学写字、把字写好是一年级孩子学语文最重要的事情了，听说读写中的听和说，都是学前就开始学的，而读和写是孩子上小学后，能识字才能

读，会写字才能写句子、写文章，所以写字就成为最主要的任务。每天都要学到生字、生词，课堂上老师要教孩子怎么读，怎么写，什么意思，回到家里孩子还要练习，所以每天都在写字。

然而大多数孩子开始写字的时候都写不好，很困难，因为要把字写好并不是自然而然的事情，而是要学习怎么把字写好，这个时候家长也要特别注意怎么才能让孩子把字写好。一年级孩子要把字写好，要克服很多困难，而且小孩子才六七岁，如果不喜欢写字就很难认真练习，也就写不好字。尤其有的孩子明显有书写困难，书写缓慢，总是在班里写字最差的名单里面，让家长完全看不到希望。

孩子在一年级，要求学会书写的汉字三百至四百个，有的字要会写，有的字只需认得，而且要有正确的写字姿势，写的字要规范、端正、整洁。写字并不像游戏玩耍那样有趣，要把字写好，孩子的困难很多。那么孩子都能把这些字写好吗？

一 初学写字，孩子有很多困难

“听、说、读、写”四种语文能力，孩子最先学“听”，一岁左右开始学“说”，上学后开始学“读、写”。所以一年级孩子上学的时候，他们“听”的能力比“读”的能力强，“说”的能力比“写”的能力强。有家长说孩子“说得好写不好”，就是没有考虑到这个特点。所以这里要提醒家长，孩子学写字有很多困难，需要得到家长的安慰和鼓励。

一年级的孩子，要让手里的铅笔听使唤并不容易，写字总是很费劲，原因就是手的小肌肉群还不协调，所以写字显得笨拙，字也不端正。家长若到教室仔细看孩子们学写字，就知道他们是如何费劲儿了。在教室里，有的孩子全身都在用劲，有的孩子由于使劲用力，作业本都划破了，也有孩子趴在桌子上

使劲写，把桌椅都移动了，写完以后，老师要叫全班起立，“把桌椅对整齐”，可见孩子初学写字多吃力！

如果家长忘了当初自己学写字的吃力，现在不妨用左手(左撇子就用右手）写几篇小字，就可体会到初学写字的困难和艰辛了，可能一页没写完手指手臂已经酸痛了，这样家长对孩子的困难有所理解，可能就更有足够的耐心去等待孩子这个努力把字写好的过程。

写字是手腕、手指的小肌肉群的协调动作，协调好了写字就熟练了，一个动作的协调是靠练习练出来的。平日我们说“习

字”，“习”的本意是“鸟一次一次地练习飞”，习字就是一遍一遍地写，写到一定程度，孩子就能熟练地控制好笔，字也就写好了。这个过程就是多写，多练习，不用多说道理，道理讲得再多，孩子的手指还是不能控制好笔。

写字要求眼手配合，眼手配合值高（眼手协调活动好），才能写好字。眼手配合是大脑神经调控的，六七岁的孩子大脑神经系统还在发育之中，眼手协调不好是正常现象，多动手可以促进眼手协调发育。心理学家一致主张从小培养孩子的动手能力，多动手可以训练手指灵活，训练大脑灵敏，提高眼手配合值。

如果学前没有相应的动作准备，眼手配合不好，书写速度就慢，字也写不好，学习时间拖长。做计算题抄写算式的时候，一次只能看一两个数，写一两个数，一道复杂一点的算式，需来回四五次看题才能抄完，而眼手配合好的孩子，只需一两次就抄完算式。所以凡涉及书写，都存在同样的问题。眼、脑的负担、时间负担都比其他同学重。所以家长应重视这个问题，多做些动手活动，提高孩子的动作技能。

一年级的男孩比女孩子总体上协调水平要低些，书写方面多不及女孩，男孩的家长需要有更多的耐心、更长时间的等待，花费更多的精力和时间。

另外，我建议孩子的桌椅尽可能与学校的桌椅高度相近，因为现在大部分学校的桌椅高度的设置，还是比较科学。家长问问老师教室的桌椅是多高，即使很简单的木凳木桌，只要高度符合就能解决。

二 怎样教孩子把字写好

（一）握笔姿势、坐姿要正确

孩子握笔姿势不对，也写不好字。有一种情况家长要注意，就是孩子握笔的位置不能太低，有的孩子握铅笔的位置离笔尖只有一厘米，这样的位置写字的时候手指移动不开，尤其写撇捺的时候无法向左向右去展开，而且这样手指会挡住孩子的视线，看不到自己写的笔画，孩子只好歪着头写，又造成脊柱弯曲。解决的办法是：如果家长对市面上握笔器一类的材质不放心，可以用皮筋套在离铅笔尖一寸的地方，孩子的手指就不会滑下去了。

此外，孩子写字的坐姿要正确，一是要有适合写字高度的桌椅，我看有的家长购买价格很贵、很复杂的儿童书写桌椅，孩子坐在上面写字，反而浑身不自在。

这个要看具体情况，不能盲目相信贵的就是适合的。也有家长做生意，把孩子安顿在一个板凳上写作业，因高度不够，孩子只能蜷缩着写字，眼睛、脊柱都要出问题，这可真不是长久之计。

（二）教间架结构、偏旁部首

六七岁的孩子学写字困难很多的确不知道怎么样才能把字写好。在学校里老师要教几十个孩子，好多时候顾不到每一个孩子写字的细节。这个时候家长就可以发挥很大的作用，可以在家教孩子怎么把字写好。

学校对孩子写字的标准，要求“注意间架结构，初步感受汉字的形体美”； 那么怎么注意间架结构呢？家长要很具体地教孩子。怎么去看一个字的结构。一个男孩总写不好字，比如说写天安门的安上面的宝盖头写得很大。下面就没有地方了，全挤在下面，很难看，妈妈看了就说这个字为什么没有写好呢。我们看看书上的田字格。它是怎么放的？你看这个宝盖头占的地方不多，下面这个“女”才有地方放，你试试看把上面写小一点。

果然，孩子试着把两部分摆放好，这个字就写得好多了。妈妈告诉孩子，上语文课老师在田字格里写字的时候，你要注

意看老师怎么写的，上下结构的字，笔画在田字格里怎么摆放的，左右结构的字、里外结构的字摆放的方法不同，看清楚了，就知道这个字该怎么能写好了。这样具体地教孩子怎么把字写好，才有效果。

学校的写字标准“掌握汉字的基本笔画和常用的偏旁部首，能按笔顺规则用硬笔写字”，一个孩子很沮丧，觉得自己很笨老是写不好字，家长就在作业本里找出写得好的字，然后给孩子分析写得好的原因，说“你看这几个字，笔画端正，横平竖直，写一横的时候是平的，写一竖的时候是直的，所以字写得最好。”孩子得到启示信心增加了，逐渐能够按照要求写出规范端正的字，在班里得到老师的表扬和同学们的夸奖。孩子的字写好了，更重要的是孩子得到了成长，写字能力得到提高。

另外，不要过度练习。一个字、一个词，需要重复写多少次才能掌握？家长不要认为写得越多越好，写三至五遍就会了，就不用去写十遍二十遍，过度练习，会造成大量的时间、精力的浪费。有家长要求孩子一个字写一页作业纸，认为这样孩子才能记得住，这就是过度练习，这种过度练习孩子很累、效率却很低。现在中小学生负担过重，大部分原因是这种过度练习造成的。家长要有这个意识。

有位家长说，老师布置作业的时候，每个字只能写三遍，一是不能加重孩子的负担，二是多了没有必要。但是孩子写三遍以后还是写不好这个字怎么办呢？的确，要写好一个字只练习写三遍是不够的。但是为什么老师只布置写三遍呢？

老师有他的道理，因为这个字在以后的课文里、作业里、阅读里还有重复。比如“的”字，“你”“我”“他”几个字，在以后都是要多次重复写的字，所以一个字写三遍，达到笔顺规范、笔画正确，就达到练习的目的了。

对于容易写错的字容易混淆的字，家长可以拎出来单独练习。比如有个孩子写“切”字总是要把右边的刀字写成力量的力，家长就把这个字拎出来。叫他再写三遍，告诉他，你想想切菜要用什么？要用刀，记住了就不会错啦！第二天听写孩子写对了，回家很高兴地告诉妈妈。这位妈妈把具体的方法告诉孩子，效果就很好。

三 耐心地教，孩子才能耐心把字写好

有位妈妈说，孩子总写不好字，于是她和孩子约定，找出课文中孩子写不好的字，每天把其中一个字练习写好。一天写“学”字，孩子写了三遍，擦掉了三次，这时候妈妈还是说“不着急，看看哪里还没对？”然后翻出课本上的田字格，把“学”字的上中下各占多少地方看清楚，最后终于写出一个端正的“学”字，孩子开心极了。

妈妈耐心地教孩子，不着急，孩子也会有耐心把字写好。教孩子写字，家长的好脾气很重要，别的地方脾气差点不要紧，

凡是孩子学习，家长就必须要耐心。如果孩子写不好就生气发火，我不知道一个六七岁的孩子，面对气势汹汹的家长，在惊恐之中怎么可能把字写好？

有位家长认为“一开始就要高要求”，于是拿着字帖比对孩子写的字，老是说“你看你写的什么！”“怎么还是写不好？”弄得孩子愁眉苦脸的，说到写字就想躲避。这样想当然的高要求就违背了儿童特点，不了解孩子写好字有困难。家长要像鼓励孩子学走路那样：没关系，摔倒了爬起来再走就是了，充分估计到孩子的困难。才可能有耐心叫孩子把字写好，如果简单粗暴，孩子可能永远都写不好字。

附：. 学校对一年级学生写字的要求

教育部颁布的《语文课程标准》规定，小学第一学段（一二年级）学生识字、写字要达到的目标是：

1. 喜欢学习汉字，有主动识字的愿望；

2. 认识常用汉字1600～1800个，其中800～1000个会写；

3. 掌握汉字的基本笔画和常用的偏旁部首，能按笔顺规则用硬笔写字，注意间架结构，初步感受汉字的形体美；

4. 写字姿势要正确，字要写得规范、端正、整洁，努力养成良好的写字习惯。

学好语文的步骤

有家长曾经问我，在小学阶段是语文重要还是数学重要？这个问题原本不是个问题，因为语文、数学都很重要，都是基础中的基础。但是如果一定要区分的话，我认为语文更重要一些，为什么呢？因为小学阶段语文的基础性更强，就是说，学好数学、物理、历史、地理等其他课，理解、思考、表达都是以语文能力为基础的（当然，由于现在语文考试方式的限制，学生的语文分数还不一定代表语文能力）。

孔子教导儿子“不学诗，无以言”，用现代话说，不读经

典好诗文、精华字词句，拿什么去把话说好，拿什么去写好文章呢？有不少语文分数很高的孩子，腹中并无多少诗书，到了高中大学，还写不清楚一件事情，写不好一道风景，也找不到恰当的词汇来表达自己的所思所感；以说话为职业的主持人，也可能没读几本像样的经典名著，词汇贫乏、语病不断，连话也说不好，让人叹息。是谁误了这些孩子的语文学习？为什么他们没有学好语文？

我根据一年级孩子学字词的顺序依次来讲学好语文的步骤：字－词－句－文的具体学习步骤，练童子功是打基础，读万卷书是积累。这几个步骤并不是截然分开的，比如读万卷书，是持续一生的事情，最好谈谈家里的读写方式，它没有固定的计划和步骤，可以在日常生活中随时进行。

一 字 - 词 - 句 - 文，依次学懂

孩子上学，学语文的顺序是：字－词－句－文，先学识字、写字，之后要学用字组词，然后学用词造句，会说句子了，就要开始学写几句话，写清一件事情，这就是写短文章了。这四个步骤一环扣一环，环环相扣。识字，要在词里面学；学一个词，要在句子里去学；学句，要在文章里面去学。就是“文中学句，句中学词，词中学字”，而要学好文章，就要到整个语文大环境里面去学，读万卷书，才能下笔如有神，写出好文章。

小学一二年级，以字词句为主，所以要教孩子学习方法，学一个字的时候，要把字放到词里面去记，如“排”这个字，要放在“排队”“排球”几个不同的词里面，就能学懂它的意思；所以，家长看孩子是不是懂了这个字，要看孩子是否能组

词，例如“放”字，如果孩子能组两个以上的词，如“放下”“放学”“放羊”就是基本掌握了。

学一个词也是如此，要放到句子里面去学，才能真正掌握。有个家长说，她不会只看孩子做题错没错，她要看孩子懂了没有。一次孩子用“努力”造句，“我们要努力实现世界大同。”她觉得孩子应该说不出这么宏大主题的句子，于是问孩子这句

话是什么意思呀？孩子说不知道，是旁边同学告诉她的。家长知道旁边同学也不知道从哪儿捡的现成的。

从表面看，这个造句没有错，如果考试也不会扣分，但问题很大。字词句文四个环节，必须要弄懂，如果不懂“努力”的意思，就无法用“努力”去造出一个句子，也就没有形成说句子的能力，这是学习能力的生长点！有研究表明，让孩子单独记下字、词，能够记住并复述出来的比例只有50%，而把字、词放进句子里来记住，能够复述的达到95%。

所以有的家长给孩子买一本《造句手册》，这个对孩子危害就很大了。照着抄下来的造句，孩子的字词能力一点没有增长。

刚上小学识字还不多，可以借助绘本、拼音进行阅读。按照学好语文的步骤，在词中学字、句中学词、文中学句，以后，在阅读中学写作文，再以后，在读万卷书中写出好文章。

《语文课程标准》规定，除了课文，还要增加“诵读儿歌、童谣和浅近的古诗，展开想象，获得初步的情感体验，感受语言的优美”。诵读是学好字、词、句、文的另一重要方法，传统教育里面，小孩子学之初，都是大声用音韵唱读，人们把孩

子上学叫作“读书”，就是这么来的。学堂里面“书声琅琅”这个词也是这么来的，读书就是要大声诵读。宋代大教育家朱熹说儿童读书的要领是：“凡读书，须要读得字字响亮，不可误一字，不可少一字，不可倒一字，不可牵强暗记，只是要多诵遍数，自然上口，久远不忘。”①这段话的意思是说，初学语文一定要大声朗读，每个字都认真地读，而且要一遍一遍地朗读，只要多朗读数遍，就能熟读成诵，不用特地去记忆，脱口而出，再也不会忘记。

家长要注意的是，孩子有了一定的识字量，要开始学默读，默读速度快，学会默读才能学会阅读。朗读与默读都是重要的读书方法，缺一不可。小学一年级不能丢掉朗读，朗读还是小学生低年级学好语文的主要方法。

① (南宋)朱熹：《童蒙须知》。

二 学好语文须练“童子功”

“童子功”原是武术用语，是练武术的基础功法，共十八式：腰功、腿功、跳跃、耐力、旋转、平衡等。儿童时期就开始练这十八式功夫，才能打好非凡的武功基础，奇特的是，如果成人之后再开始练这十八式，无论怎样苦练也达不到儿童期就开始练的水平。所以童子功的独特价值就在童年练就，独一无二，不可弥补。后来“童子功”泛指专业技能从小打下基础的基本功训练。

练好武术要练童子功，要学好语文也必须练童子功，语文的童子功就是大量记诵经典名篇。是否理解在其次，关键是记诵，一要背诵，二要大声诵读，可以脱口而出。形象地说，就是在童年将最好的语文材料大量储存在大脑，就奠定了最好的基础。中国的国学大师、文学大师，无一例外在童年时期背诵了大量的经典好诗文，无一不是童子功的佼佼者！茅盾能背诵《红楼梦》、鲁迅从小背下《纲鉴》、杨叔子幼年熟背《四书五经》、杨振宁能熟背《孟子》……

为什么童子功的功效如此突出？根据心理学研究，十三岁之前是人的记忆力的黄金时期，古人说，“少年之记，如石上之刻；青年之记，如木上之刻；老年之记，如沙上之刻”。儿童时期能把几百篇经典诗文装进脑子里，就是“石上之刻”，深深印刻在脑子里了，满腹诗书。就如著名学者叶嘉莹说：“幼年播下的种子，不知什么时候就会萌发。”[①]

那么怎么练语文的童子功呢？语文的童子功最好是从三四岁就开始，具体方法就是反复诵读，从短小的古诗文开始，选取精华，反复读，能背诵。日积月累，就练成了语文的童子功。古人说“熟读唐诗三百首，不会作诗也会吟”，大量熟读背诵，语感、识字、遣词、用句、行文都成为能力的生长点，语文能力就有质的增长。

背诵古诗文还有一种好方法，非常适合学前中班、大班、一年级的孩子，效果也非常好：一位母亲录下自己诵读的古诗文，然后放给孩子听，孩子玩玩具、做手工的时候，一直播放着，音量要适中，看起来孩子没有诵读，实际上古诗古文通过语音在孩子大脑里反复联结，达到一定的重复度，孩子就可以脱口而出，终生不忘。人类大脑对语音的记忆保持时间很长，就像很久以前的一首歌，歌词早忘了，而音的旋律却还能记得，就是这个道理。

---

① 叶嘉莹：《一片冰心在诗词》，光明网教育频道，2014.11.25。

而且，现在市面上的古诗词古文的诵读光盘质量参差不一，有的朗读太夸张，有的配乐很差，所以如果孩子的妈妈爸爸或家里的成员普通话比较标准，最好自己录制，孩子更容易记住。

三 “读万卷书”

读万卷书，就是读书要达到相当的数量，才能学好语文。古人认为要学好语文，写出好诗文方法，是“读书破万卷，下笔如有神”。“读万卷书，行万里路”，还有其他答案吗？没有。

除了读万卷书，“铢积寸累”，没有其他捷径可走。

为什么要读万卷书呢？中国历史文化悠久，历经岁月世代更替，反复选择淘汰保留下来的文字，就是最好的、不可替代的。从古到今，面对同样的景物、同样的事理、同样的心绪、同样的慨叹，能流传下来的那一句诗，就是说得最恰当、最精妙、后来者超越不了的。

比如“但愿人长久”，比如“采菊东篱下”，比如“大江东去”，都是“一语可以道尽千古”的好诗、好文、好句。比如《史记》《古文观止》，就是汉语最经典的文字材料。几百上千篇经典，装在脑子里，情动于衷的时候，喷涌而出的就是这些最恰当的好文句，用起来就得心应手，“腹有诗书气自华”。所以，“不学诗，无以言”。

现在《小学语文课程标准》规定，小学一二年级至少“背诵优秀诗文50篇（段）。课外阅读总量不少于5万字”，就是强调读书如果低于这个数量，就不具备最基本的语文能力。

有学者说，“一个国家应该把最美好的东西给最美丽的童年。无论是家庭还是学校，最美丽的东西是什么呢？当然是图书，阅读是最美好的事情。”所以一个家庭也应该把这个最美好的东西给自己的孩子。读万卷书，童年领悟的真、善、美越多，心中的真、善、美越多，真、善、美在哪里呢？它就在童书里。[1]

我们的古诗、词、文是何等宝贵的好东西啊！它又不只是诗词文，它承载的是中华民族几千年的文化基因。国家领导人曾指出，“古诗词从小就嵌在孩子脑海里，成为终生受用的文化基因”“文化基因通过阅读嵌在大脑里，终生受用”[2]。那么历史文化的基因怎么嵌进大脑去的呢？就是通过读书，读万卷书。

四 学好语文的家庭读写方式

家庭的读写方式不是指孩子写家庭作业，而是在日常生活中自然发生的“家有书香”。孩子在家庭书香的环抱熏陶中，自然而然就打下了学好语文的功底。家庭读写方式第一种方式

①朱永新著：《我的阅读观》，中国人民大学出版社 2012。

② 2014 年 9 月 9 日上午，习近平总书记在北京师范大学看望一线教师时说：“我很不赞成把古代经典诗词和散文从课本中去掉，‘去中国化’是很悲哀的。应该把这些经典嵌在学生脑子里，成为中华民族文化的基因。”

是前面讲到的“童子功”，还有满满的书架上面引导孩子的万卷书。除此之外，讲故事、读故事、讲一件事情、写一件事情等，都是适合一年级孩子的家庭读写方式。

（一）读故事

一位妈妈说，孩子在学前阶段，她都是给孩子讲故事，孩子听故事。上学以后，她把讲故事改为读故事，带着孩子一起读绘本，引导孩子学字、词、朗读。一年级孩子识字不多，和

家长一起读故事，能促进孩子喜欢读书，也能巩固识字。

读故事与讲故事不同，读故事要和孩子一起“读”一个故事，最好是有画有文字的绘本、故事书，而且是完整的一个故事，有开头有结尾。读故事的时候，孩子认识的字让孩子自己读，不认识的字就家长读，读完一个小故事，孩子会很有成就感，因为在课堂上学的字词，居然马上就可以读故事了，孩子很兴奋，大大提高了识字的兴趣。

家长要注意的是，一年级语文的重点是打好字词句的基础，不是会讲故事，而是要在读故事的时候重点放在字词句上。

随着孩子慢慢地识字多了，自己能读的部分也越来越多，一般到二年级下学期，多数孩子都能陆续达到独立读童书的水平。到那时候，孩子读故事给家长听，家长就会听到世界上最动听的声音在读最好听的故事了。

（二）扩展说句

现在有的一年级语文老师，已经在教孩子扩展说句子了。比如：“汽车沿着公路一直开到山顶”，扩展句子怎么扩呢？提问孩子：谁的汽车？什么样子的公路？孩子就学着加上“我们的汽车”“弯弯曲曲的公路”，句子就更生动形象了。

一年级孩子学习扩展句子应该以口头扩展为主，因为一年级孩子识字不多，写字有困难，如果遇到不会写的字，要去想那个字怎么写，扩展句子的思路就断了，没有达到训练句子的目的。

让孩子学用成语也是练习说句子的好方法，因为成语本身就是一句话，或者是一个故事。例如一场风雨把鸟窝吹落到地上，妈妈送孩子上学的时候孩子看到了，孩子对妈妈说，里面的小鸟到哪里去了？妈妈说，这么高掉下来，可能……有个成语就是说这样的情况。孩子叹一口气说，“我知道了：覆巢之下，焉有完卵。”妈妈说，以后你识字多了，就写一篇作文，讲这件事情和可怜的小鸟的心情。

后来孩子到了二年级末，真的写了一篇作文，想象可怜的小鸟到哪里去了，小鸟的妈妈该多么着急，花园里的蚂蚁窝被大雨淹没了没有，还有自己不喜欢下雨的心情。这篇作文老师大加称赞，还推荐到全国小学低年级作文参加评比，并最终获奖。

语文靠的是积累，由浅入深，由少到多，写的多少不重要，首先是喜欢，说不好也没关系，关键在培养兴趣，有兴趣运用已经学过的字词，效果就是好的。有家长说，他们经常说一句话，然后看家里的人谁能把这句话扩展到最好，比如：“今天差一点上班迟到了。”于是孩子和大家一起想，加上什么才恰当呢？“今天妈妈为了做我爱吃的煎饼，差一点上班迟到了。”一年级孩子能够把这个句子扩展到这个程度，就很不错了。

有一点家长要注意，不要把读故事、扩展说句这种家庭读写弄得声

势浩大，像在舞台表演节目，声调、动作、表情都很夸张；也不能把气氛弄成公堂问审一样，孩子稍有读错就横加指责，把孩子阅读的愉快都一扫而光。家长要学会营造有书香的家庭日常生活，让家庭成员都书香被书香熏陶着，喜欢家里有读书的话题、有读书的兴趣，让孩子读书成了习惯，那就是家有书香了，对孩子就是最好的读写启蒙。

家里处处有数学

说到数学，很多当妈妈的都不大感兴趣，因为女生似乎天生与枯燥的数学符号有距离。但是孩子上学了，要学数学了，年轻妈妈一下子就忘了当年学数学带来的沮丧，对数学的热情高涨起来。她们每天看孩子写数学作业，认真地和孩子一起掰手指头把一道题算出来。有位妈妈说，我以前最不喜欢数学，现在给孩子讲数学题，才发现自己讲得那么好。所以我决心再学学数学，一直学，至少争取孩子高三的时候我还能和他讨论数学题。

我对她说，跟着孩子的课本讲数学是需要的，但在自己家庭的日常生活中给孩子讲数学，才是最好的。道理好、方法好、效果也很好。小孩子学数学要从家里开始，最好在孩子四五岁的时候就开始。这位妈妈有点疑惑："我和孩子他爸爸都是文科，家里还有数学吗？"

家庭里有数学吗？答案是"肯定有"，因为家里生活中处处有数学，从数学眼光去看家庭生活环境，家庭生活就是一个数学的世界，家长就是优秀的数学启蒙家，在这一点上，家庭环境优于课堂，因为家庭里的数学在真实的情境里的。心理学家指出，最有助于学习的方法之一是构建真实的问题情境[①]。家庭教育可以随时营造起数学的问题情境，教孩子在生活里学数学，比如：

家里来客人时，让孩子计算总人数，帮助放好餐具、分配水果；

家里吃汤圆、饺子，根据每个人要吃的个数，让孩子心算一共要煮多少个；

中秋节切月饼、过生日切蛋糕，给孩子直观“几分之几”是怎么来的；

超市购物，让孩子计算简单的找补数量；

家里各种几何形状的器皿，让孩子认识三角形、正方形、长方形等；

外出旅游，教孩子学简单地计算时间、计算距离；

用小棍（如火柴棒）搭建小桥、房子等立体的几何图形。

---

①施良方著：《学习论》，人民教育出版社 2001，第 413 页。

一斤西瓜一块钱
四斤西瓜多少钱?
蔬果区

一 一年级数学的起点和重点

中小学的数学主要是打基础，十二年要学习十个核心概念[①]。在小学一年级，“数感”“符号意识”“几何直观”是数学的重点内容。那么在家庭环境中，如何培养孩子的数感、符号意识和几何直观能力呢？

重点之一：培养数感。“数感”是孩子对数学的感觉、感悟，数感是学好数学的基础，就像“球感”是打球的基础、“水感”是游泳的基础、“语感”是语文的基础一样。数感是学数学的基础和起点，但是家长要注意的是，数感是对数的感觉，不能通过给孩子讲重要性去培养数感。

① 这十个核心概念是：数感、符号意识、空间观念、推理能力、应用意识、几何直观、数据分析观念、运算能力、模型思想、创新意识。黄翔：《数学课程标准中的十个核心概念》，载《数学教育学报》2012（4）。

培养数感，是引导孩子“对身边的数学有关事物有好奇心，能参与数学活动，感受数学与生活的密切关系”“在日常生活中，发现和提出简单的数学问题，并尝试解决的方法”。[①]那么怎么判断孩子的数感好不好呢？数感好的孩子表现为对数字很敏感、对数学现象很好奇，领悟更快、更多，更喜欢用数学方式说事、从数学角度分析。

重点之二：符号意识。数学家罗素说：“什么是数学？数学就是符号加逻辑。”数学符号就是代表概括抽象出来的意义。比如“1”，既不是具体的1个人、1个苹果，也不是1匹马、1栋房子……它概括了所有是“1”的数量，用符号“1”来表示，所以孩子的具体思维搞不懂这个“1”不是一个苹果，也不是一匹马，要经过一段时间的跨越，才能有

①中华人民共和国教育部制定：《义务教育·数学课程标准（2011年版）》，北京师范大学出版集团2012。

抽象思维的能力。

培养孩子的符号意识要重在促进孩子脱离具体思维。小孩子最初的思维是具体的，比如算数的时候要依靠小棒或掰手指，数字大了，小棒加上自己的手指头不够，就要拉妈妈、爸爸的手指一起算，这时候家长不要赶紧伸手帮孩子算题，而是怎么想办法让孩子不依靠手指小棒。比如有家长教孩子在纸上画小棒来帮助计算，脱离了手指，但这样还是没有脱离具体思维。

这时候家长可以教孩子脱离小棒和手指，从十以内的加减法开始用符号运算心算，逐渐增加到二十以内、一百以内，这样经过一段时间的符号运算，孩子逐渐有了符号运算的能力。这一步对孩子非常重要。

从具体地感知到三个水果，到能掌握“3”这个符号的意思，就是一个质的跨越，也是一年级孩子学数学的难度所在。

重点之三：“几何直观”。家庭的环境中都有无处不在的几何图形，各种生活用品的形状，儿童玩具物件的形状，都是几何图形。家长可以用这些物体形状培养孩子的几何直观能力。比如两个三角形拼在一起会成为一个方形，七巧板不同的组合变成不同的形状，也是启发孩子对图形结构的领悟。

培养孩子的几何直观，画图、看图也是孩子熟悉几何的好方法。在方位方面，对所在位置的识别，排队时候的前、后、左、右，所居楼层的上、下，在地图上查找城市位置，都是属于几何的直观。需要注意的是，既是直观，就不需要讲很深的道理，多观察、多领悟，几何直观的感觉就在其中。

二 儿童学数学的原则：“后有原则”

一个小孩子在日常生活中接触数学问题的频率、参与数学活动的多少，是他在入学后能否学好数学的一个重要条件。因为数学是抽象的、逻辑的，儿童很难直接掌握，必须从生活世界里去感知数，认识数，理解数的顺序、数的对应、数量的多少，发现数和数的关系，学会数的计算。

这种先有数学感知、后有数学概念的学习原则，叫做学数学的“后有原则”，它证明：儿童积累的数学的经验和感悟越丰富，掌握抽象的数学符号就越容易。一年级的孩子，如果入学前已经接触了不少生活中的数学，有了一些数学的经验积累，那么上学后更容易掌握抽象的符号计算。

不同的家庭数学启迪，孩子的数学能力发展速度不同，这个“不同”并非指家庭财富的多少，而是孩子数学感知和经验积累有多少。所以孩子数学经验与他们入学时的数学能力有密切的联系。

在“幼小衔接”中难度很高的课是数学，怎样帮助孩子跨越这道“坎儿”？遵循“后有原则”是唯一的办法。学校老师在课堂上要用很多形象直观的教具，比如多少只小鸭、多少个苹果，帮助孩子理解抽象的数字。而家庭的直观的数学更加丰富，掌握“后有原则”，才能促进孩子的符号能力，帮助孩子顺利跨越幼小衔接难度大的“坎儿”，脱离具体思维，形成符号能力。

在经常要用到数量的环境中，儿童可能更早学到数词的用法，更好地掌握解决数学问题的方法，对数学更好奇和感兴趣。那么一般家庭的数活动的情景有哪些呢？举例如下：

学着用人身上的尺子去量尺寸；

帮家长做点心，称一下重量，看量杯容积，设定时间长短，温度高低等；

用日历来计算离生日还有多少天；

趣味数学如“鸡兔同笼”；

拼图游戏，七巧板，数三角形；

找规律，比如沿街的门牌号码排列的规律等；

数字谜语。

三 教孩子在家庭里学数学

（一）要“因机设教”

家里处处有数学，但家庭与学校的方法不同，家庭里学数学不必有严格计划，随日常生活出现数学问题的时机，教孩子学数学——“因机设教”，就是最好的。

一个考入清华数学系的女孩，在三四岁的时候，家长就带着她在日常生活中去接触到数学。带她去买水果，买三个苹果，三个草莓，让她记住买了什么，买了几个；吃饺子教她数一数盘子里有几个饺子；奶奶切月饼的时候，告诉她说："你看，我一个月饼切成三份，叫'三分'，拿给你一份，这就叫三分之一"。如果切成四份？女孩兴奋地说"四分之一"。这样增加孩子对数的敏感，对数字有兴趣。

家长从不给女孩写出123的数字，所有都心算，如果女孩不会算、算错了，没关系，不批评，算对了，也不用奖励什么东西，妈妈说算对了本身就是最大的奖励，孩子高兴得不得了。这样到五六岁时，女孩已经可以心算"鸡兔同笼"的题，她妈妈说，孩子特别喜欢有挑战性的数学题，她在心算鸡兔同笼的时候，眼睛特别有神，特别明亮。

女孩上学后，数学成绩一路领先，小学五年级就学完了六年级的数学课，参加数学竞赛获得全国数学竞赛二等奖，高中毕业考入清华大学数学系，之后留学获博士学位，从事计算机、信息方面的教学研究。

家庭生活情景中的学习，是一种开放性、综合性的学习，它让孩子知道“数”与世界是相互联系的，孩子意识到这种内在联系，通过数学，敏于思考，就初具了学好数学的核心能力。就像学好语文要读万卷书、行万里路一样，也需要开放性、综合性的学习。

（二）促进孩子的数学自信

有一项对儿童数学自信的研究表明，有的七岁儿童表现出来的数学自信，还不及五岁儿童，原因是家庭的支持不够，遇到难题孩子不会做的时候，家长的态度直接影响儿童的数学自信。所以家长要考虑数学问题的难度，更要做到绝不打击孩子的数学自信。

家长要掌握孩子学数学的难易程度，问题难度大了，就要简化问题，如果太简单了，就增加难度，孩子不会做也没关系，这个问题放在孩子脑子里很有好处，经常启发孩子的思考，有问题在脑子里是很重要的一种学习方法，家长千万不能因为孩子不会做就打击孩子，因为培养数学自信比小孩子会算多少题重要百倍。

（三）讲究方法，符合儿童思维

六岁左右的儿童，理解“比什么多”或“比什么少”有困难，所以家长“怎样提问”很重要。比如有九只鸟、五只虫子，“鸟比虫子多多少只？”可以换成“有几只鸟吃不到虫子？”儿童回答的正确率要高得多。所以有心理学家说，“最有助于学习的方法之一，是让孩子进入真实的问题情境，这一点，家庭具有很大优势，家长可以把问题放到生活环境中去启发孩子，效果会好很多”[①]。

比如家里吃汤圆、饺子，每人吃6个，家里3个人一共要煮多少个？虽然这是乘法的算式，可是一年级孩子可以用加法或数数的方法来完成，这个经验也会成为以后学习乘法时候的基础；如果孩子算好了，家长再将难度加一点，爸爸要吃12个，妈妈6个，小孩4个，那么一共要煮多少个？这就是一百以

①施良方著：《学习论》，人民教育出版社2001，第413页。

爸爸吃12个,妈妈吃6个,
你吃4个,一共要煮多少呢?

内的加法了，这里面还包含着简便算法、“凑 10”法等，以此类推，根据情况变化而出题。

对孩子提出的难题，超过了孩子的理解能力怎么处理呢？比如有孩子切月饼，二分之一、四分之一都会了，但三分之一、五分之一怎么切呢？这就有难度了，要把一个圆“三等分”“五等分”的方法不是小学一年级可以掌握的。家长可以告诉孩子说，这个有点难，你到高年级的时候要学，学了就知道了。这就是螺旋式的难度递增，孩子虽不能解决，这样留一个疑问在脑子里，也是数学启迪的高明方法之一。

掌握难度，要了解学数学的螺旋式难度，有的问题难度大，就搁置起来，不一定立即要学会，因为知识是螺旋式地加深难度，一个问题会反复地出现，难度逐渐加大。

（四）家长参与情绪要低

学数学是一种智力活动，家长要懂得一个与智力活动相关的定律①，越是复杂的大脑活动，需要参与的情绪越低。家长启发孩子的运算和思考，要遵循大脑活动的这个规律，不能人为地扰乱。比如孩子算得对、算得快，家长就要保持安静，要有常态的情绪，不能夸大惊喜，喜形于色，或四处打电话与人分享；若是孩子算得不好，没算出来，家长也不要失望之极的样子。总之，强烈的情绪会干扰孩子学数学，大喜大忧都不好。

我曾在候机大厅里见一个母亲在看孩子解数学题，母亲凝神沉思着，不时轻声提问全神贯注的孩子，当孩子一下子懂了高兴起来时，母亲也没有大喜过望，只是接着孩子的思路说“以后遇到这种题就用这个方法”。我很欣赏这位母亲。

①耶克斯－多德森定律：心理学家耶克斯（R.M Yerkes）与多德森（J.D Dodson）经实验研究归纳出的一种法则。表明操作与情绪水平之间的曲线关系，随着操作的难易和情绪的高低而发生变化。操作困难的代数问题的最佳状态，处于较低的情绪水平；操作初步算术技能处于中等情绪水平；操作简单动作，处于较高的情绪水平。

怎么让孩子不害怕考试

我曾经做过一项调查，在某小学一年级上期期末考试的前一天下午，到一年级教室去提问全班孩子："明天要期末考试，你们害怕吗？"所有的孩子高高兴兴地齐声答道："不害怕。"稚嫩的声音甜到我的心底。随后我到二年级教室，同样问全班孩子："明天要期末考试，你们害怕吗？"所有的孩子同样齐声答道："害怕——"有个孩子一直从后排跑过来拉着我大声说："好害怕啊！"然后孩子们七嘴八舌地争相告诉我为什么害怕：

"考不好，妈妈好生气，不许吃饭。"

"回家要罚站，狠狠骂人。"

"考不好爸爸要打我。"

"关在屋子里，全家都不理我。"

"不准出去玩了。"

……

这还没有算上来自学校、班级的因素，单单家庭教育，只用不到一年的时间，就把孩子从“不害怕”考试、变成很害怕到恐惧考试，积极情绪丧失殆尽！这些六七岁孩子稚嫩的声音，诉苦的沉重，实在让人揪心，而且这才是开始，正如一个高年级学生的作文写自己的考试焦虑：“我的噩梦是从一年级就开始，直到现在，不知道何时才结束。”

不只学生，家长也普遍存在着高焦虑：为孩子的学习焦虑、为孩子的考试焦虑，为这些焦虑引起的亲子冲突焦头烂额，有些冲突还酿成了悲剧……

考试让孩子这样害怕，让家长如此焦虑，副作用不少，之前也曾取消过考试，高考也取消过，中小学也取消了考试，靠推荐进大学，但没多久还是恢复了考试。那么学校为何非要考试呢？简单地说，老师的教学质量好不好，需要考试来评价。考试也是为了了解学生掌握知识的情况。如果没有统一的标准，就无法评价。

此外升学选拔也需要考试，比如义务教育阶段结束之后，哪些学生能升入高中，哪些能进重点高中，最公平的方法就是由统一考试来鉴别、筛选，所以，孩子上学以后，家长要讲究方法，让孩子不害怕考试，养成良好的考试素质，这也是良好学习能力的组成部分。

但是一年级的情况有不同，一年级的重点不是看考试成绩，重点要看学习习惯、学习兴趣、学习方法。所以一年级的考查重点不是考试分数。如果有期中、期末考试，那么家长要用这个机会培养孩子良好的考试素质。

一　培养孩子良好的考试素质

培养孩子良好的考试素质，最好从孩子第一次考试就开始。一是教孩子不害怕考试，二是教孩子怎样考试。如果家长只要求孩子“双百分”“满分”“第一名”，只强调“不准错”，错了要怎样怎样惩罚，看起来是严格要求，实际上就是在培养孩子害怕考试。

（一）教孩子不害怕考试

有位家长，孩子一年级第一次期末考试那天，早上背着书包老走不出家门，在她身边转来转去，家长觉得有点异样，就蹲下来问孩子，孩子才说：“今天要考试……”家长意识到这是孩子第一次正式考试，于是赶快把孩子揽在怀里说：“没关系，不要紧张，耳朵仔细听老师念题，然后把题做在卷子上。”“认真算题，写快一点，不要害怕。”孩子高高兴兴地上学去了，结果考得很好。

之后小学中学十多年，这个孩子经过多次考试成绩的上升、下降、名列前茅、惨败，这位家长不是只讲道理，而是在考试的过程中给孩子心理支持，教给具体方法，逐渐形成了良好的考试素质。高考第一天恰逢倾盆大雨，家长要打车，孩子说不用打车，也不用家长陪着，自己撑着伞、挽起裤腿冒雨去考场，正常发挥，考取了国内一流大学。

上学之初，很多一年级孩子都不会考试。一次期末考试发试卷前，老师在给全班交代考试的注意事项，一个孩子举手站起来问：“老师，什么是期末考试呀？”让老师哭笑不得，可

见孩子并不知道什么是考试，更不知道怎样考试。他们有的是题还没做完就不做了，弄头发，玩橡皮，在那着看别人写，忘了自己在考试；有的是听错了题，原本是要求默写复韵母，结果写成鼻韵母，一题的分数全被扣了，等等。

也有孩子的确没记住学了些什么，家长不必大惊小怪，孩子不是刚刚才开始上学吗？如果兴师问罪，会让孩子从此害怕考试，以后遇到考试就紧张，越紧张越考不好，最终变成恶性循环，以后想改都很难。有的孩子到高中都害怕考试，一考试就紧张，一考试就发挥失常。

（二）要教给孩子具体方法

考试的具体环节，家长可以先讲给孩子听，告诉他们怎么去做，这样孩子就不会太生疏。

1．读题、听题环节。小学一年级识字还少，考试大多由老师读题、学生听题，然后开始答题。家长要提醒孩子专心听老师读题，要仔细听，要把题听完，听老师念完题后才开始做，不能只听一半就自己写起来。“只听半截儿”是孩子容易犯的毛病，甚至到高年级、中学、大学，仍然有只看半截考题的学生。可见要从一年级开始，教孩子仔细听题、读题，听清楚、听完整之后再开始做题。

2. 答卷过程。要告诉孩子答卷的时候，一是要仔细，要依次做题，要有条理，不说话，要专心做，不要只图快；二是要注意格式，如果写得很乱，自己都看不清楚，这道题写到另一道题的地方去，就全错了，书写整洁、清楚、一目了然，答题就不会混淆。教孩子仔细答题、仔细写考卷也是培养孩子沉着、稳重、凡事有条理的好习惯。

家长还要告诉孩子考试不能去看别人的试卷，自己的答案也不能告诉别人。一次我在看孩子们考试，老师在读题，读到“有 15 个小朋友约好了踢球，已经来了 9 个，还有几个小朋

友没有来？算好了填在空格里。”这时一个男孩子站起来大声说：“我知道，6个！”老师说：“考试时候这样说出来不对。”一个孩子本来算出来是6，听老师说“不对”，以为自己算错了，又掰着手指算来算去，举手说“老师，是6啊”。老师只能再说一遍：“同学们，考试只能把自己算的答案写在卷子上，不要说出来。”可见一年级孩子真的要从头开始学怎么考试，这就是启蒙，需要一点一点地教、耐心地教。

3. 检查环节。一年级的孩子注意力不稳定，常常顾此失彼，可能做丢了题，可能听漏了题，所以要让孩子学着从头到尾仔细检查考卷。检查试卷也是要教孩子的，有的孩子两分钟不到就举手说：“老师，我已检查了五遍。”老师说“你怎么检查的呀？”孩子说“我看了五次”。其实孩子并不知道怎么检查考卷，以为看一下就叫检查了。

有个三年级的学生写作文，写他的爸爸检查他的作业很负责任，每次他说：“爸，我写完了，你帮我检查吧，我看电视去了。”他爸爸就很认真地开始仔细检查，“从来没有出过错”，然后这学生写道“真是我的好爸爸！”我看了这个作文心想：这是好爸爸吗？只能算是一个不懂教育、好心办坏事的爸爸。

不会检查考卷的中学生、大学生还不少，这与他们从小学没有得到具体指导有关，也与家长包办代替检查有关，所以家长要坚持一点，从一年级开始，孩子的作业一定要教孩子自己检查。

（三）培养“中等紧张度”

有家长说：“孩子考全班后几名他也无所谓，从不着急。我们并不想逼他，但这样无所谓的样子也不是办法。”另一种情况则是家长很严厉，孩子很紧张，上学不到一学期，平时的小测验都怕得如惊弓之鸟，晚上从睡梦中哭醒，口里还念着算术口诀，几加几等于多少，让人闻之心疼叹息。

上述两种情况，一是太紧张，一个是太不紧张，这两种都不是考试的好状态，心理学指出，好的考试状态是“中等紧张”，即：不是不紧张，也不是太紧张，全神贯注，大脑清晰敏锐。有的媒体宣传就不懂得这一点。宣传某个考上北大、清华的孩子，考试一点不紧张，是唱着歌去考场的，这样“太不紧张”的状态并不是好的考试状态，所以观点错了，误导了好多学生和家长。

考试遇到不会做的题怎么办呢？一年级孩子没有考试经验，有的孩子遇到不会做的题就哭了，或者很紧张；有的孩子遇到不会做的题就不做了，不会做就不去想了。家长要教孩子，考试的时候遇到不会做的题，不要着急，要认真地“再想想”，“想想课本上是怎么写的呢？”“多想一下就想出来了”。这样，孩子在遇到不会做的题时，就会努力去再想想，不紧张、也不松懈，努力去思考，这就是中等紧张度的表现。

（四）理性对待分数，记住三个“不及”

孩子害怕考试的一个主要原因，是考得不好家长要变脸，要被惩罚，温和慈爱的妈妈突然声色俱厉，会让孩子极度不安，觉得妈妈不爱自己，不要自己了，这个考试太让人害怕了！孩子是很敏感的，所以家长要理性，不能情绪失控，不能对孩子情绪家暴。

家长怎样能做到理性呢？家长记住三个“不及”：一年级考试成绩不及学习习惯重要，不及学习兴趣重要，不及学习方法重要。记住这三个“不及”，就能理智和冷静对待。一年级的考试分数不能说明多少问题，所以考得很好也就那么回事，考得不好也不能说明孩子就差了多少。

一年级孩子考试丢分的原因与知识掌握多少关系不大，而与孩子的懵懂有关。有的孩子启蒙早，考试时从头到尾做得又快又好，动作很利索；而有的孩子书写速度慢，耳朵跟不上，也就考得不好，这个只需家长有耐心，孩子一旦能够紧跟老师了、动作熟练了、速度跟上了，成绩也就好了。家长在等待的这个过程中，要保持耐心。

现在有些地方取消了一年级的考试，这是非常科学的，但还是有全地区统考的现象。对此家长要有合理的态度和情绪，不大动肝火，也不如临大敌。孩子还有很长时间的读书、考试，做一个理性懂教育的家长，孩子才有良好的考试心理和能力。

要想学习好，早餐很重要

我曾在一年级教室里看学生的午餐，老师让孩子们依次按照座位秩序到前面领取，一个男孩子等不及了，直接跑到前面，被老师叫住了，问他怎么不依照秩序，男孩子要哭了，说我没吃早饭……老师听了赶紧给他取了一份午餐，催他赶紧吃，然后给家长打电话询问为什么孩子没吃早餐。家长下午急急忙忙赶到学校，说每天都拿早餐钱给孩子，怎么会没吃早餐呢？男孩说早餐店排队，他怕迟到就没去排队。老师告诉家长，这样不行，六七岁的孩子怎么可能独立解决好吃早餐的问题，家长必须把早餐作为孩子上学的一个重要问题来对待。

我也曾提问过不少家长，“孩子上课不专心，无精打采，你首先考虑的原因是什么？”大部分回答都是“注意力不集中”“习惯不好”等，没一个家长回答“早餐没吃饱”“营养不足”这个重要原因，而这个问题是从上学第一天就开始了。

有一项全国学生体质调查的结果证明，轻度营养不良已成为影响儿童学习的重要因素，大约 50% 的孩子第三节课时有饥饿感，原因是没有好好吃早餐。有的孩子早餐胡乱吃点零食，有的孩子缺少照料，早上来得及就吃早饭，来不及就不吃，这样饥一顿、饱一顿；有的孩子头天晚餐吃得太多，摄入热量太高，早上起来说还没饿，等到饿的时候，已经是上午二三节课，那时候没地方吃早餐，只好一直饿着。

一个家庭一日三餐，都要好好做饭、好好吃饭才是正常的家庭生活状态，尤其是早餐，不能因为工作忙、上学赶时间就弄得七零八落的胡乱应对。有营养学家说："像皇帝一样进早餐，像乞丐一样进晚餐。"比喻的是早餐的重要性，对上学的学童来说，可以说至关重要，为什么如此重要？因为好好吃早餐，才能好好听课，专心听好上午的四节课。

一　好好吃早餐才能专心听课

孩子上学以后，用脑的时间大大增加，大脑的负荷大大增加，能否保证孩子精力充沛地学习，专心地学习，营养成为影响学习的第一重要因素，这也是一年级新生家长面临的一个新问题。如何保证孩子好好吃早餐，保证孩子上午的四节课专心听讲？

小学的语文、数学、英语等主科课，基本安排在上午，早餐没吃饱甚至没吃早餐的孩子，怎么可能专心听课？怎么可能跟上老师的进度？有的孩子上课走神，没精打采，趴在桌上，课堂作业写不好，可能都与没有好好吃早餐有关。

这种情况还不是个别现象。我和我的研究生曾在一所都市的小学大门口，调查了五十位送孩子上学的家长，孩子吃了早

饭没有？在哪里吃的？吃的什么？结果是这样的：

“在家里吃好早饭出发上学” 的 17 个（34%）；

“喝了牛奶豆浆或粥，然后在路上吃馒头点心”的 18 个（36%）

“自己泡方便面”的 2 个（4%）；

“在食堂或小摊买米线、面食”的 11 个（22%）；

“什么都没吃”的 3 个（6%），其中 2 个家长给了钱还没来得及买，孩子慌慌张张地怕来不及要迟到，还有 1 个家长叮嘱着孩子，说等一会儿买了送到教室去。

这样看来，只有不到一半的孩子可以好好地吃早餐。为什么一半以上的孩子不能好好吃早餐呢？第一个原因是早餐的时间比较紧，家长要上班，孩子要上学，如果孩子习惯不好，起床晚了，时间就更紧张，孩子着急，家长也顾不上，早餐就随便打发一下，尽可能地简单化。

第二个原因是，有家长认为这个年头物质丰富，怎么着也饿不着人，孩子更不可能饿肚子，缺营养，即使早餐没吃饱，中午晚上也可以补上。类似这样的想法，恰恰就忽视了上午四节课是孩子一天学习最重要、消耗也最多的这个具体情况。这不是一天两天的事情，许多个上午都不能专心听课，中餐和晚餐怎么可能补得上呢？

第三个原因是有的一年级家长角色成长缓慢，自己都还没有长大，责任意识差，料理生活的能力差，所以不耐烦照顾孩子的早餐，而吃亏的就是孩子，严重影响的是孩子的学习。所以这一部分家长特别应该增强做父母的责任意识，从给孩子做早餐开始，坚持认真做早餐，通过日复一日的地碎操劳，让自己成熟起来。这是年轻父母角色成长非常重要的途径，是家长角色成熟必不可少的磨炼过程。这一点，家长一定要不辞辛苦，耐心去做好。

有的家长就做得很不错，夫妻二人的工作都相当忙，但仍坚持每天早起做早餐，从小学一年级到高三毕业，十二年如一日，直到孩子考上大学离开家。他们说这个过程促进了自己作为家长的能力和责任心，既保证了孩子学习精力充沛，孩子也养成好好吃早餐的好习惯，只是家长辛苦些，然而这个辛苦是千值万值的。

第四个原因是孩子上学路程远。一位家长说，由于家住得远，花在上学路上的时间就多得多，孩子早上的时间非常紧张，为了多睡一会儿，起床后十五分钟就得出发，穿衣洗漱过后，吃饭就只剩下五六分钟，急急忙忙地很难吃饱，一般到上午第三节课就饿了，孩子只能饿着肚子把课上完，估计注意力也很难集中，如果是体育课，孩子基本上都跑不动了。

所以这里要提醒家长一个问题：一年级孩

子要就近入学。上学不是一天两天的事情，六七岁孩子经不起每天长距离的奔波，不能好好吃早餐，直接影响学习。所以有研究表明，家校路程在三十分钟之内的孩子，学习成绩总体上优于上学路程在三十分钟以上的孩子。这是家长必须要考虑的问题。

二 早餐要以普通主食为主

早餐吃什么也是非常重要的问题，有的孩子早餐吃的是零食，有的孩子吃的营养粉，有的吃成人或老人的滋补品，所以这里要强调一个问题，孩子的早餐应该是米、面、杂粮、禽蛋肉类等普通主食，而不是零食和其他人工加工品。

孩子上学每天消耗的脑力、体力大大超过学前，用零食充当主餐，孩子会因为营养不足产生注意力不集中、烦躁、疲劳、记忆困难等一系列情况。孩子都比较喜欢吃零食，据一项调查显示，某校 67%的小学生对零食表示“有极大兴趣”，其中有34%的家长反映孩子零食吃得太多，可见这个问题普遍存在。不少孩子吃零食成癖，早餐用零食填肚子，甚至一日三餐的主食都胡乱吃几口，然后吃很多零食，这种情况家长要有清醒的认识，与禽蛋肉蔬菜米面相比，零食的营养根本无法提供足够的营养，这对孩子的健康和学业都是严重的威胁。

西式快餐也是家长要慎重对待的问题。有一年级孩子说他每天早上都是头天妈妈买的炸鸡一类的食品，在微波炉里加热，然后和豆浆或牛奶一起吃，看起来好像还比较丰富，但是西式炸鸡的热量远远超过六七岁儿童热量吸收比例的上限。中国儿童肥胖问题的研究结果指出："不吃早餐、经常吃西式快餐和身体活动减少是我国儿童发生肥胖的主要危险因素。"

另外有家长说，孩子每天都吃营养粉：“几十种营养都配备在里面，又方便又容易消化，我们舍得给孩子花钱。”也有家长因为孩子挑食，想用营养粉给孩子补充营养，改善体质。还有的孩子读小学一年级的时候“已经吃了好几年了”。那么，营养粉管用吗？

营养粉是多种食料搭配起来磨成粉状或颗粒状的组合，主要针对中老年人或幼儿的某种营养缺失的辅助或添加，它是主食的补充，而不能当作正餐来吃。比如米、面，是最好的淀粉主食，鸡蛋的蛋白，是世界上最好的蛋白质，消化系统正常的孩子有必要去吃蛋白粉吗？五谷杂粮、禽蛋蔬菜是自然提供给人类最天然主食，人类的营养主要来自这些基本主食，其他任何加工配置的食品都不可替代。

孩子如果厌食、挑食，也不能盲目依靠营养粉，各类加工的配置食品是用来弥补某种营养缺失的，主要对中老年人的某种缺失有用，儿童青少年机体健全，完全用不着依靠保健品。

从普通主食获得营养，那是一辈子的事，就不是小事情了，家长要有主见。有少数孩子体弱多病，厌食导致营养不良，家长要带孩子去医院诊断，请教正规的营养师对症治疗，绝不能只听宣传。

三 食欲不佳要找准原因

我曾见过一个妈妈在超市到处找“大鸡蛋”，挑过去挑过来的，原来她的孩子厌食，“每天只吃一个鸡蛋”，绝不肯多吃，于是她就要挑选尽可能大个儿的鸡蛋，为了孩子能多吃一点鸡蛋绞尽脑汁。她说为了孩子能多吃点，她每天都在发愁，真是可怜天下父母心！

类似情况还不少，家长要找到孩子厌食的原因。比如“运动不足”就是厌食、挑食的最主要原因，大都市孩子放学后能在户外活动的时间很短，放学后去参加体育项目训练的孩子就更少。一个幼儿园大班的女孩厌食成了全家最头疼的事情，吃一块肉全家都要鼓掌，一次孩子喝完了一杯牛奶，见爸爸妈妈奶奶没鼓掌，就说“你们怎么不拍

手呀？”嘴噘得老高。她妈妈说，她能好好吃完一碗饭，我比得了一块金子还高兴。

这孩子在幼儿园体检查出中度营养不良，老师建议家长到医院进一步诊治，家长带着孩子赶紧去了，医生告诉家长，孩子厌食的主要原因是运动不足。运动不足本来消耗就少，运动不足导致的大脑缺氧会进一步抑制食欲。如果不改善营养状况，上学以后，营养不良会严重影响学习，跟不上其他同学。医生建议要让孩子参加比较系统的体育项目训练，比如游泳、舞蹈、武术等，身体要充分活动，达到出汗的程度。

于是家长带着孩子去体验了一遍，最后选择了舞蹈，学拉丁舞，每天放学就去学习舞蹈，这样就保证了孩子每天达到了中高强度的身体活动。动一发而牵全身，时间不长，孩子不光食欲好了、保证了营养，睡眠也好了，脸色、脾气都好了。家长说这么简单的道理我们居然不懂，这么简单的方法我们居然不会。的确，我知道的业余体校的孩子，少年足球队、游泳队的孩子，就没有厌食挑食的。

所以家长要懂得“体育”是家庭教育的一张王牌，家长一定要学会打好这张牌。

四 重视食品卫生与食品安全

有研究表明，孩子多动和不能专心学习，与食品或食品包装的化学性损害有关。孩子读书以后每天在外面来来去去，家长要保护孩子避免因食品包装（塑料袋、罐头等）或食物添加剂引起的化学性健康损害。在城区，不少小学校门外小摊贩林立于路旁，往往一些卫生指标不合格的花花绿绿的小食品对孩子很具诱惑力，需要家长培养孩子的自我保护意识，不乱买东西吃。

有好身体，才有好成绩

什么叫“充分的身体活动”？《中国儿童青少年身体活动指南》（以下简称《指南》）认为：6~17岁儿童青少年，每日累计六十分钟的中高强度身体活动，包括每周至少三天的高强度身体活动、以及增强肌肉力量、骨骼健康的抗阻活动。然而这一基本要求，多数一年级孩子未能达到。

据调查，某市小学的一年级孩子放学后能在户外玩耍、活动、锻炼一小时以上的只占35%，而且呈逐渐下降趋势；完全没有户外活动的占30%，并呈上升趋势；其他孩子户外活动时间只有10~20分钟。这样，有大约2/3的孩子身体活动量小，严重不足。

虽然人的一生各个阶段都应该保持锻炼、身体活动，但在儿童少年阶段，身体活动尤其重要。家长如果为了“保证学习”，就限制孩子的身体活动，是很危险的事情。事实证明，孩子上学以后，活动不足是主要的问题。

有小学校长告诉我说，现在学校布置的回家跳绳、跳台阶，好多家长都没有当回事，我在一个小区看见有孩子在跳台阶，一共就三个台阶，跳上去然后走下来，没能连续跳；有一个班四十多个孩子，布置跳绳半学期了，还有家长没给孩子准备好绳，孩子急得哭，家长却不着急，说“我就不相信每个家里都要买齐，等我给你去借”。直到全班测验跳绳，孩子不及格，家长一听要记入体育成绩，才赶快去买了一根跳绳给孩子。

那么家长知道充分的身体活动对孩子有多重要、活动不足有多大危害吗？

一 充分的身体活动有多重要

（一）从身体发育上讲

一年级孩子的神经系统、肌肉、骨骼系统、心肺功能等身体各器官，发育还远未成熟，充分的身体活动增强肌细胞内基因的作用，加强合成肌凝蛋白、肌纤蛋白、肌糖原，猛烈的呼吸能提高心肺功能，只有充分的身体活动，才能促进身体的正常发育。

尤其是儿童的骨骼生长，必须依赖充分的户外活动，有足够的阳光、氧气，才能促进钙、磷吸收。孩子的心肺功能、肌肉骨骼、神经系统都必须依靠体育锻炼、游戏、尽情地奔跑、跳跃，才能充分发育。

孩子的大脑发育更需要充分的身体活动。神经细胞网络密集，充分的身体活动促进神经系统发育，促进大脑兴奋与抑制的交替转换，改善神经系统的均衡性、精准性，提升思维的灵活、协调。孩子需要奔跑、跳跃、游戏，需要猛烈的呼吸，才能获得身体健康，才能有充沛的精力。

大多数儿童肥胖、身高不足、体质差、睡眠不良、营养不足、懒动、专注力差，都与充分活动不足有关。如果孩子出现这一类情况，家长一定要考虑到孩子是否运动不足。

（二）充分的身体活动能有效提升学习成绩

一个男孩子参加了校足球队，每周三天大运动量的训练，孩子刻苦努力，身体消耗量很大。其他孩子三点半放学，他们要训练到六点，周六周日还有两个上午的集中训练。开始家长担心占用时间太多，而且太辛苦了，影响写作业和看书的时间。结果孩子自从参加足球训练，精力非常旺盛，平日下午训练完回到家里，吃完晚饭到户外玩一会儿，往常需要一个小时的作业，不到半小时就完成了，迅速洗漱、收拾书包，平日九点睡觉，他说“妈妈，我提前一点睡觉，教练说要早点睡觉，打比赛才有精神。”

到周末，不用家长催促、安排，他在周五晚上就把作业全部做完，很专心。之前数学一直出错，参加足球训练之后不到一学期，数学成绩大进步，很少算错题了，家长都有点吃惊，这个踢足球和数学有关系吗？不能简单说足球和数学有关系，而是充分的身体活动能促进学习。一项调查结果发现，中等强度、低强度运动的次数都与学业成绩正相关，充分的身体活动对提高学习较差孩子的成绩更明显。近年来，来自国际方面的也越来越多地明确了身体活动对学业成绩的促进作用。

在国内，最近出台的《指南》指出，一项综合了二十六项研究数据的分析显示，增加课内外的身体活动措施，可以明显提高学习成绩，尤其是数学和阅读的技能。这一研究澄清了不少家长认为的“身体活动和学业成绩难以两全”的模糊认识。

所以，家长牺牲孩子的身体活动时间，看起来争取了多几十分钟的作业时间，不仅牺牲了孩子的身心健康，对学习成绩并不能起到促进作用。家长须知，人即使在慢跑时候大脑的获氧量，也是静坐时候的四倍！每天保证有中高强度的活动，孩子才能保持大脑的灵活性、协调性和精准性。

所以，据世界有关组织调查，孩子学业成绩欠佳的第一原因是睡眠不足，第二就是缺乏运动。

有的家长却对孩子的身体活动做出种种限制，“不准跑出汗”“不要弄脏衣服”，这就是家长没懂得什么叫“充分的身体活动”。衡量活动是否充分，有一个经验性的标准就是出汗，孩子每天的活动量都应该达到“出汗”程度，至于衣服弄脏更不应该成为理由，孩子的身体是大事，身体好了才能学习好。

（三）从孩子的心理健康讲

充分的身体活动与孩子的心理健康高度正相关，一般来讲，喜欢运动、每天身体活动充分的孩子，心理问题的发生率明显低于活动不足的孩子。

一年级孩子才六七岁，神经发育还比较脆弱，一整天的听课、练习、作业，大脑的消耗很大，很容易疲惫，疲惫的孩子身心倦怠、情绪压抑、行为被动。这就成为家庭教育的一个重要任务，需要及时消除孩子用脑的疲惫，恢复孩子原本生气勃勃的精神状态。

据研究，人在充分运动时，大脑会分泌一种叫作“内啡肽”的物质，内啡肽被称作快乐素，它能使人感到愉快、精神焕发，消除疲劳、增强自信。经常运动的孩子少忧愁，心态阳光。所以，充分的身体活动就是消除大脑疲惫的有效途径，也是优化孩子精神状态的有效途径。参加体育项目训练的孩子，在同伴群体里，还能提升多种社会性品质，增进合作能力，学会如何与人协调、共赢、共处。

（四）体育训练从根本上预防儿童肥胖

由北京大学公共卫生学院、中国营养学会等多个单位专家联合编写的《中国儿童肥胖报告》显示，近年来我国儿童肥胖和超重率明显上升，1985 ~ 2014 年，我国七岁以上学龄儿童超重率由 2.1% 增至 12.2%，增长近 5 倍；肥胖率由 0.5% 增至 7.3%，增长 14 倍。

身体活动减少、不吃早餐、经常吃西式快餐，是我国儿童肥胖的主要危险因素，而久坐行为对儿童健康的危害极大。

不少一年级学生家长见孩子到户外玩，心里就不踏实，认为户外活动是耽误学习，硬把时间都安排学习知识，只要孩子坐在书桌前，家长心里就踏实了；有的家长把户外活动作为奖惩，“成绩不好”就取消户外活动；也有家长担心安全隐患，就让孩子待在家里更放心。总之，身体活动就成了可有可无的事情，孩子就处于久坐状态，心肺系统得不到锻炼，脂肪堆积，身体发胖，孩子更加懒动，进入肥胖的恶性循环。

二　如何保证孩子充分的身体活动

（一）校外辅导班应该首选体育项目班

我认为现在一年级孩子最缺少的，是充分的身体活动；最大的潜在威胁是久坐和精神压力。所以，家长为孩子选择补习班的时候，应该首选体育项目班。因为这是一年级孩子最需要的，也只有充分的身体活动，才能消除久坐和精神压力对孩子的潜在威胁。

有位家长咨询求助，说女儿每次学校体检都是“肥胖”，孩子对这个词很敏感，也很自卑，在学校也离同学远远的，怕同学们嘲笑她胖。在家里吃饭的时候，家长要是说一句“少吃点”，她都会哭起来，说：“你们也嫌我胖！”很伤心。家长不知道怎么办。

专家详细询问了孩子从幼儿园开始的饮食习惯、饮食偏好、生活习惯、运动习惯、兴趣爱好、参加辅导班等情况，建议家长暂停正参加的英语、绘画补习班，送孩子到校外体育项目班，接受系统的体育训练。因为孩子本来不好动，上学一天之后，放学后上补习班又继续坐着，久坐的弊病就难免了。

这个时候孩子最缺少的是充分的身体活动，因此最需要的也是充分的身体活动，一般的休闲式的打打羽毛球、跳跳台阶达不到充分的活动量，校外体育项目班才能从根本上矫正孩子的肥胖问题，同时也为孩子建立起终生受益的健身好习惯。

家长陪孩子参加了游泳、跑步、旱冰、羽毛球、竞技舞蹈等体育项目的试练习，孩子选择了拉丁舞班，坚持训练了一段时间，体重逐渐下降，体态也逐渐匀称，孩子非常兴奋，迷上了拉丁舞，每天都去训练，已经不是“坚持”，而是“很喜欢”了。家长说没想到充分的身体活动作用如此巨大，让女儿焕然一新，对自己信心满满。

儿童的身体素质是第一位的，素质教育要从操场开始！

（二）家庭教育要有体质锻炼计划

体质，是一个人的身体素质，包括体态、心肺功能、速度、耐力、柔韧、力量、灵敏、抗病、环境适应。但是不少家长的概念还比较模糊。据一所小学的调查，约30%的家长回答“不知道”什么是体质，大多数家长只能说出“身高、体重、血色素”“吃饭睡眠好”“能抵抗疾病”等，也有家长说体质就是“德智体”，还有家长说这是学校体育课的任务，我不知道。所以大多数家庭教育都缺少孩子的体质锻炼计划。

学校的教育大纲都有学生体质训练的课程，但各地各校的具体条件不同。如果小学没有标准操场，缺少体育设施，家庭的体质训练就更加的至关重要！这件事情不能等学校的体育设施齐备，而是家长自己给孩子创造条件，让孩子从一年级起就开始得到系统的体质训练。

就目前情况看，我认为一年级孩子最缺少的还是充分的身体活动，更缺少系统的体育项目训练，所以，家庭制订体质训练计划的原则是：身体第一，时间不够的情况下，首先保证孩子的身体健康发育。

所以，如果孩子上补习班，家长应该首选体育项目班。足球、游泳、羽毛球、舞蹈、跆拳道……这些都是能够达到充分身体活动的运动项目。

一年级孩子每天三点半放学以后的安排，比如：学校的活动班、体校的训练队。所以应该首选体育的项目训练、舞蹈班等充分身体活动，每周不少于三次的中高强度的身体训练。不论孩子怎样，这样与上学的静坐时间配合起来，动静之间就很科学。是所有辅导班的科目中好处最多、效果最明显的。因而能焕发出儿童旺盛的精力，朝气蓬勃。

附：体质及增强体质的训练项目

1．体质

①身体形态；
②心肺功能；
③速度、力量、灵敏、耐力、柔韧；
④适应环境能力：气温、气压、潮湿等；
⑤疾病抵抗能力。

2．增强体质的体育项目

①力量训练：跳台阶、跳高、跳远、跳绳、快速跑、爬山、爬绳、俯卧撑、拉力器、铅球、沙袋、仰卧起坐、屈体等。

②速度训练：各种短跑、小步跑、高抬腿、跑台阶、球类比赛、追逐性游戏、游泳等。

③耐力训练：比较长时间的跑步、跳跃、登山、游泳、滑冰，以增加耐力。

④灵敏性训练：追逐、躲闪、足球带球、体操、武术等。

⑤柔韧训练：体操、跨栏、舞蹈、压腿、踢腿、俯腰、劈叉、压肩等。

⑥弹跳训练：下蹲起跳、摸高、立定跳远、跳绳、跳皮筋等。

⑦抗阻训练：引体向上、哑铃操、深蹲、俯卧撑、仰卧起坐等。

给孩子挑选文具要注意什么

我在一年级教室里听课，看到孩子们用的铅笔各式各样，有的铅笔造型很奇特，要么笔杆顶端是个孙悟空，要么是个花仙子，我就问他们是谁给买的。这时候一个男孩从另一排座位上跑过来，拿给我看他的笔，我一看是一个医药注射用的注射器样式的铅笔，“针尖”就是铅笔尖，笔杆是一个注射筒，里面还有红色的水，男孩说这是抽出来的血。我说你拿这个写字？他说是啊，然后跑开了。孩子们说，还有铅笔写字的时候有鸟叫，很好听。

我觉得现在的学习用品，尤其是小学生的文具，商家把文具和玩具混在一起了，文具的设计是想办法怎么有利于儿童好写、专心写，而不是怎么看起来怎么好玩，吸引儿童去买。商家都知道，只要孩子喜欢，家长都乐意给孩子买，

但家长却要注意，孩子只是孩子，都喜欢好看的、好玩的东西，并不知道“好玩的”文具很可能影响写作业，所以挑选文具要有原则，希望家长把握如下几点。

一 文具要轻便、好用

一个一年级的男孩，妈妈说他老是写不好字，写字的笔画有的粗、有的细，还有的字笔画都挤在一堆看不清楚，语文写字从没得到过“A”，于是我去他家里看他写字为什么老是写不好。我拿起他的铅笔，见铅笔头又粗又短，没削好，就说“我们先把铅笔削好吧，不然没法写的”，男孩子搬出一个巨大的房子形状的卷笔刀，开始削铅笔，但卷笔刀的把柄摇起来很费力，弄了半天削出来的笔

头要么断掉了，要么卷不动。我试了一下，很费力也没削出好写的笔尖，孩子只好将就用，写出的字粗一笔、细一笔——我真的很心疼这个孩子！再怎么认真写也没法把字写好啊。我责备家长说“这么明显的问题你们怎么可能没发现呢”？家长说是别人送的上学礼物，没注意竟给孩子增加了这么多困难。

现在文具种类繁多，设计也越来越复杂，对此家长要有主见。孩子每天写字的文具，首先要好用、携带方便、找到不费力。比如给孩子买的书包的口袋数量不要多，要便于孩子能找到需要的东西。有的书包做得很复杂，多个口袋，孩子头晚收拾好的学习用具，第二天上课时，已记不清哪样东西放在哪个口袋了，到处乱翻，急得要哭。

文具盒也要挑选轻便、好用的。有的文具盒层层叠叠，分类太细，孩子根本记不住。在小学一年级教室里经常可以看到，由于文具盒太大，放在桌上太占桌面，就影响孩子写字，孩子往抽屉里放，塞不进去（因书包放在抽屉里），有时“啪”的一声掉在地上，惊动了全班，孩子吓得不轻，这种情况孩子怎么能好好听课、紧跟老师的节奏呢？

也有孩子的文具盒里放的铅笔太多，橡皮擦就有五六个，多余又累赘；还有孩子带的水杯又大又重，到处都放不下，放在地上，一不小心就被踢翻，弄得孩子手忙脚乱，紧张又害怕。

孩子只有六七岁，本来就记不住多少事情，老师布置的任务都经常要忘记，家长不能人为地再增加他们的困难，所以挑选文具一定要：轻便、好用、好带、好找。

二　有利于孩子专注学习

儿童的注意力有一个特点，就是以“无意注意”为主，无意注意就是他们看到什么、听到什么，注意力立刻就被吸引过去，转移了。这并不是孩子有意识地分心，而是无意识的反应。所以为什么小孩子不能在家里客厅里写作业，因为客厅里电视、电话、大人说话、做饭都会让孩子分心。

针对这个特点，就要尽量避免让孩子分心的因素。有的文具做得花花绿绿的很好看，新奇鲜艳、萌态十足，玩具成分太重，这种文具放在孩子桌子上，随时都在吸引孩子分心走神，上课走神，写作业走神。

我曾见过小学生铅笔笔杆中设计一条游鱼，孩子一写字，鱼就在笔杆中游动！这简直就是孩子学习的灾难，真的是一种专门的训练：专门训练孩子分心，把专注力彻底破坏这种，家长一定要杜绝祸害孩子的文具，类似文具绝不能用。

三 克服攀比、炫耀

无论家长经济条件如何，一年级孩子的新文具都不要追求昂贵。孩子还小，容易弄丢、弄坏东西，包括书包都可能弄丢了，买昂贵的文具从经济上讲没有必要。从孩子品行发展上讲，就更不能追求高价消费、相互攀比。

一个小女孩说她同桌的孩子用的都是从美国带回来的书包、文具盒、开水杯，很羡慕，妈妈说："那是她爸爸在美国开会，顺便带回来的，也不是专门坐飞机到美国去买的。我们以后要去美国旅游，也可以顺便买了你喜欢的带回来。好学生要和同学比谁学习认真，比谁的学习好，体育好，谁做公益好，不去比谁的书包好。书包就是装课本作业本的，水杯就是喝水的，文具盒就是装铅笔的，好用就行了，不好用我们就换掉，你的这些东西好不好用？"孩子说："好用。"

不能总让孩子家长不能制造孩子与同班儿童的悬殊差距，养成孩子小小年纪就攀比物质的坏习气，读书的心就不正了。

如果家长用“进口的”“国外带回来的”文具，让孩子有炫耀之感，以此为荣，那就多少失了为人父母的端庄，失了自尊，有点媚外的奴性。文具虽小，家庭教育就是示范，心态也是示范，是更直接的教育影响。有个中学生对父母说起那边的笔好用些，母亲说：是啊，我们现在科技还不如别人，就像别人家比自己家强，你就想办法让自己的家好起来，只会羡慕别人的好，也不算本事。孩子深受启迪。这位母亲已经不是在说文具好不好了，而是在以小见大“养正”，在培养孩子做人的正气，真是一位深明大义的好母亲。

归纳起来，挑选文具家长要考虑：好用、专注、价平。

做好好说话的好家长

一次我在家长会后听到一个妈妈和一年级孩子的对话，妈妈问孩子：“你怎么考试错了那么多？”孩子望着妈妈不说话。妈妈语气加重责问说“你说话呀！”孩子紧张起来，还是不知道说什么。妈妈大声吼起来，“我回去，再跟你算账！”甩开孩子的手，自己往前走，孩子几乎要哭了，追着妈妈朝校门去。

我快走几步对这位妈妈说：“你先不要发火，吓着孩子了。你问他，为什么错那么多，他怎么知道？中学生不看考

卷也未必知道错了多少。”家长只会发火、吼叫，解决问题了吗？凶了半天什么都没有说清楚，孩子反而更加惊恐，刚刚上学的孩子哪里经得起家长这样说话？他们才六七岁，根本没办法回答这种提问，没办法解决家长的坏情绪，他们唯一的收获就是，家长不能好好说话给他们做了榜样。

我在高年级的作文里，曾看到一个孩子写自己和妈妈说话的情景，她说妈妈总是大声呵斥，小时候她不敢回嘴，到高年级她就学会了以超过妈妈的声调去回敬，如果妈妈还要大声呵斥，她就用尖锐刺耳的声音弄得全家都不得安宁。所以家里经常充斥着浓浓的火药味，她很苦恼，有时候根本看不进书，情绪很坏。究其原因，还是家长没有好好说话。

所以家长学会好好说话很重要，一年级孩子的家长更要好好说话，因为孩子刚刚上学，面对的学习任务和困难很多，如果父母总是挑剔、指责、埋怨甚至吼叫，孩子会很恐慌，更不知道该怎么上学，怎样好好读书。

家长不能好好说话，孩子害怕、紧张，亲子沟通困难。据调查，小学三四年级不少家长已经在诉苦，说孩子什么也不告诉自己，甚至自己生气追问，也得不到实话。有家长说：“孩子说的有一大半都是敷衍我，他真正想的什么我也不知道，甚至他说今天老师讲了什么，我也不能确定是真是假。”可见亲子沟通困难，家长想听到一句实话都难。

父母是孩子最亲的人，怎么不肯对父母说实话呢？其实道理很简单，我们成人与谁话不投机，或被挖苦一顿，你还会再愿意说什么吗？如果总是被指责、挑剔、数落、威胁，孩子还可能告诉你什么吗？所以原因的确是家长没有好好说话。

有的孩子在学校很有礼貌，说话懂事得体，走出校门见到母亲就立刻换了说话方式，或爱理不理，或大喊大叫。孩子这种说话方式从何而来的呢？孩子不能好好说话，家长是主要原因。那么家长应该怎样好好说话呢？

一 要正面，不失仪

孩子上学后，学习方面、同伴交往、师生关系都会有不适应，有的孩子能够应对，有的孩子却很畏难；家长要充分估计到他们的困难，不可能只有进步，没有退步；孩子报告好消息，家长能好好说话，孩子告诉家长说没考好，家长也能好好说话。

家长“好好说话”，就是跟孩子说话的心理位置、语气措辞都要是积极正面的，是谆谆教诲的，是耐心温和的，而不是厌烦挑剔、挖苦讽刺，更不是说反话，让孩子不知所云。所以好好说话首先要坚持正面引导。

父母在孩子的心目中原本就是可信赖的、值得尊重的，这本身就是一种强大的教育力量。信赖父母，通过父母可以信赖世界，认同父母的要求，才能按照要求努力去做到。家长若遇

到自己不懂的问题，这时的正面引导就是“知之为知之，不知为不知，是知也”。如有位大学教师，孩子问的字词自己不能确定，就对孩子说：“爸爸也不大清楚，我们查词典吧。”这样既弄清楚了孩子的提问，也示范了积极正面的求学态度、好好说话的榜样。

正面引导的一个条件是家长要有教育权威。教育关系分为权威型、专制型、民主型、放任型。孩子在中小学阶段，权威型的教养模式最有利于儿童成长，也是必需的。因为没有权威就没有教育。如果家长丧失权威，孩子不知道怎样看待自己、看待他人、看待社会，他们的成长就会无所适从，会很混乱。所以，家长跟孩子说话的心理位置，应该是正面的、权威的，既不居高临下，也非朋友式的劝导，更不能是敌对、挑剔的。有的家长说话的声音不大，然而敌意十足，平静的声音也令孩子不寒而栗，这就不是权威而是专制了。

另一方面，态度温和不能丢了正面、权威的心理位置，要克服另一个极端“孩子祖宗化”。“孩子祖宗化”，家长跟孩子说话不像是家长，倒像是奴才，凡事小心翼翼，甚至违心讨好，生怕得罪了孩子；一个家里孩子不像孩子，倒像是老祖宗了。

古时候要求做母亲的要“有母仪”，要“容止若思、言辞安定”，意思是做母亲的仪态举止要端庄，言语措辞要稳重、有内涵。母亲尤其要“修己以敬，安之以人”，自己内心沉稳，才有端庄的举止，仪静端庄的母亲才能给孩子安全感，给孩子好好说话的良好示范。气势汹汹的家长、情绪失控的家长、言语粗暴的家长都是失仪的。

有的家长和孩子说话近乎献媚，在校门口接孩子放学，看见孩子就说：“哎呀！我们宝贝放学了？”表情夸张地迎上前去，讨好似的赔着笑脸，而孩子却爱理不理、不屑搭理，或者吆三喝四地指使家长。我在候机、候车时也不止一次看到，六七岁的小孩子跷着脚在玩手机，家长几乎半跪着在和孩子说什么事，而孩子根本不看家长一眼，哼哼唧唧的一副祖宗

模样，甚至还很不耐烦地打断父母说话，这是谁培养出来的对话模式？

“养不教，父之过”，父母就是父母，父母既要生养，也要教导孩子，规训孩子，说话就要有父母的样子，和孩子说话要教孩子有规矩，如《弟子规》：“父母呼，应勿缓；父母命，行勿懒；父母教，须敬听。”这些最基本的说话规范，从家长自己做起，从孩子小时候开始。

二 要分享，不扫兴

有个孩子高兴地对家长说“我今天单元测验96分，以前没这么高”，而家长立即板着脸说：“单元测验算什么，要期末96分才算能干。”孩子顿时万分扫兴。这位家长看起来是在激励孩子不能骄傲，要更上一层楼，但是孩子的成绩“以前没这么高”，说明这个96分对孩子来说是很重要，是一个新高点，家长应该善于分享孩子进步的喜悦，哪怕就是一个点头、一个微笑、一句很简单的称赞，都是孩子很需要的认同和鼓励。善于分享的家长，就能够在生活中捕捉到这些教育良机，既鼓励了孩子学习的进步，也增进了亲子之间的情感应答，收益是多重的。

善于分享，家长就要学会倾听孩子说话。有家长只关心考试分数，其余的就不大想听，甚至一概不听。孩子在学校的喜悦、苦恼和困难，最初总是想告诉父母，但家长觉得哪有时间听小孩子说话，所以孩子告诉什么家长总是“去去去！”“去写作业！”有了几次，孩子也无法再对父母说什么。还有的家长只顾自己玩乐，每天给孩子几元钱吃饭，自己泡在牌局里，

孩子没有任何机会对父母说什么，家长人为隔断了亲子沟通，导致自己对孩子完全不了解。

家长要有听孩子说话的习惯，孩子的话条理差、内容简单，甚至幼稚可笑，但家长认真听，耐着性子听，就是非常好的情感应答，就是一种积极关注。有位家长工作忙，但总是尽可能送孩子上学，与孩子多走一段路，听孩子说这说那，说的事情都不重要，但这种倾听很重要，对一年级孩子尤其重要。这种关注是告诉孩子家长重视他的想法，懂得他的想法，知道他的努力，这就是建设性的心理关怀，给孩子温暖和安全。

另外，孩子告诉家长的话，家长不能用来跟孩子算账，比如“上次是你亲口说的”，这样做会失去孩子的信任，不再愿意给家长说实话，这样的事情于孩子不需几次，只一两次就够了。因此家长要特别检点自己，要守信用，珍惜孩子对自己的信任。

三 要讲究“肢体语言”

肢体语言也叫“无声语言”，包括手势、表情、姿势、体征等。据研究，人类65%的交流信号是肢体语言，所以家长“好好说话”还包括恰当的身体语言，眼神、表情、手势、身体姿势等。有孩子说：“只要看一眼妈妈那凶神一样的眼神，就知道我已到了地狱门口。”还有孩子说：“开口骂我还好一点，要是爸爸阴着脸不说话，那才是我的世界末日。”这一类极端的身体语言，都是为人父母要力戒的。

有的家长说话很少，却老是阴沉着脸，用农村的话来说就是“好像别人都欠了他的谷子”，说什么话都是气恨恨的，弄得一个家里的气氛非常压抑。一个一年级孩子的父亲说孩子不敢和妈妈说话，因为她老板着脸，找妈妈要钱买文具，都像在老虎口里去掏文具一样，一个眼神就吓得孩子心惊胆战，每次回家的作业都只敢问爸爸，爸爸不在家就等爸爸回来才开始做。有时候妈妈笑嘻嘻地看起来心情很好，孩子也不敢亲近她，因为可能转眼又是阴沉沉的脸。这样的家长虽然没有吼叫、发脾气，可是阴沉的眼神、压抑的气氛，具有同样强大的杀伤力，剥夺孩子成长的安全感、温暖感。所以，肢体语言也是家长要好好学习的，很多时候，一个信任的、期待的、温暖的笑容，就能推动孩子去克服一切困难、努力学习。

关于对孩子好好说话有一个专业术语，叫作“形成良好应答关系”，这种应答关系包括良好的语言应答和情感应答。比如孩子回家告诉家长一件学校的事情，家长问孩子“什么？”可以是关切、温和的“什么？”让孩子很安全、

放心，但也可能是家长不耐烦的、审讯式的“什么！？”让孩子害怕、不寒而栗。

有家长说自己“是个粗人”，文化低，不会说文雅的词，所以没办法好好说话。其实良好的语言应答和情感应答并不是要说多么文雅的词。我在农村七年，听了多少所谓文化不高的“很土气的话”，然而大山深处的火塘边的人，“很土气的话”却有最温婉动人的亲子应答，在城市街道路边擦皮鞋的母亲与她孩子的对话、大街上的挑夫送孙子上学时的叮嘱，都可以是最富亲情的语言应答。而冷漠的、暴力相加的亲子应答，文化高的家长、豪宅里的家长也有，良好的亲子应答与文化、财富并不直接相关，而与家长的素质画等号。

所以为人父母需要学会好好说话，经常反思自己是否好好说话了：一是好的语言应答，二是好的情感应答。

你做对了，孩子就会好起来

一 你们不吵我了，我就算对了

一个一年级孩子写数学作业老是算错题，简单的题也半天反应不过来，写错了答案，妈妈总是很生气，但妈妈忍着怒气把错的地方用橡皮擦擦掉说“再算”，结果还是算错。有一次妈妈这样擦了三遍，终于忍不住爆发了，大声斥责孩子“你怎么搞的？你这个脑子里面在想什么？”孩子也吓哭了，家里的气氛一团糟。

好在这位妈妈能去反思，心想这样子上学读书不是个办法，也许是我自己太着急了。于是下决心无论孩子怎么算错，都不生气，也不去坐在孩子旁边监督，等孩子做完了再看做得怎样。结果没几天，发现孩子很少算错题了，妈妈惊喜地问：“你怎么现在不算错了？”孩子老老实实地回答说：“你不吵我了，

我就算对了。”妈妈听了，眼泪差一点就掉下来，深深责备自己教育不得法，并不是孩子老算错题，是自己的坏情绪让孩子担惊受怕，没法思考。

这绝不是个别家长的错误，一年级孩子只有六七岁，刚刚上学，好像各种问题都冒出来了，家长不满、指责孩子的次数不断增加。我接到的咨询，听到的总是家长数落孩子的种种不是，这些家长的思路是，因为孩子做得不好、老出错，当然是孩子的问题。其实并非如此，问题往往还在家长自己，只是家长没有意识到。

中国有一个成语叫“反求诸己”，意思是出了什么问题，先从自己这里找原因，反省自己，“诸”在这里的意思是“于”，反省于己。“反求诸己”是一种分析问题的方法，适应于家庭教育的大多数时候。孩子没做好，家长先反省自己、先改变自己，孩子就会好起来。

二 爸爸不吓唬我，我就不说谎了

在实际生活中，好多时候看起来是孩子的“问题”，实际上是我们家长自身的问题。所以先反省自己，是分析问题最基本的思路。比如家长批评孩子不专心，而家长应该反思一下自己在家里没有保护好孩子专注看书，在孩子看书、画画时，可能家长在一旁边说笑，还开着电视，孩子一会儿听大人说话，一会儿瞅瞅电视，养成了分心的坏习惯；有的一年级孩子很挑剔，早上和家长闹别扭，不给穿哪件衣服就不上学，惹得家长非常恼火。若追究原因，恐怕是家长自己无意中培养的，经常夸孩子怎么穿得好看，又说怎么穿不好看，时间稍长，孩子也跟着挑剔起来，这的确也是家长造成的。

有孩子上学后学会了说谎，家长很恼怒，却没有去反省自己，更没想到这也许是自己造成的。有的一年级的孩子很幼稚地用红色铅笔把分数改了，交给家长签字，家长气得不行，老

师询问之下，孩子说：“爸爸说没考好就‘不准回来！’”这是谁造成的孩子去改分数呢？孩子才六七岁，被吓成这样，家长要责备的不应该是孩子，而是自己过分严厉的恐吓。

三 你们不打我，我就不发脾气了

有个男孩子在学校脾气大，一言不合就出手，要么推，要么踢，要么撕同学的作业本，老师批评制止就大哭，后来老师和孩子父亲沟通，父亲叹气说：“唉，我脾气不好，性子急，为了孩子能上这个小学，我上班就很远，往

返要三个多小时，早出晚归，真的没耐心和他好好说，不听话我就是一巴掌，他妈妈的话他也不听。”

老师建议这位父亲在节假日多陪孩子，增加耐心，家长自己要先把脾气缓和下来，孩子才有安全感和好心情，才有稳定的情绪。后来家长和孩子约定，遇到事情都不发脾气，不动手打人。这位父亲努力去做，第一次有三周时间没发脾气、动手打人，再后来，保持了半年时间，而孩子的性情一下子变好了许多，在班里居然基本上不发脾气，不打人了，他告诉老师“他们不打我了，我就不发脾气了”。家长高兴得直抹眼泪，表示自己有信心做得更好。

所以古人说的好，遇到问题“焉知非我之不是，须平心暗想”[①]，意思是说，出了事情怎么能确定不是我的问题呢？需要好好想一下，反思自己，往往能找到原因。

---

①（清）朱柏著：《朱子治家格言》。

二 反思自己的身教如何

那么家长“反思自己”主要反思什么呢？首先要反思自己的身教如何。有位妈妈咨询的时候说孩子嫌弃奶奶，奶奶叫吃饭了，孩子却不耐烦地说：“你没看见我在写作业吗？”怎么会对奶奶这样不礼貌？我说孩子才六七岁，很可能是你们家长自己对老人说话的态度有问题，影响到他对老人说话不礼貌。这位妈妈仔细想了一下说，孩子的父亲经常这样对奶奶说话不耐烦，没注意到成为了孩子的一种身教。

当家长发现孩子发脾气、摔东西、不好好说话时，家长要想到自己平时是不是也这样，一生气就摔东西，也没有好好说话。有个家长说孩子遇到一点事情就着急，想想自己就是一个遇事急躁的人，对孩子更缺少耐心，不知不觉中已经给孩子做了示范：遇到事情就着急，没有耐心。这个家长说，此后就很注意改变自己，耐着性子解决问题，不着急摆脱困境，从改变自己做起，孩子就慢慢有了改变，比以前有耐心多了。

“身教示范”虽不是唯一的教育方式，可它是家庭教育的主要方式。家庭教育是在“生活世界”里进行，不管家长是否意识到，示范都自动在起作用；不管孩子是否意识到，学习效仿都在自动发生，这是最有效的家庭教育，不管是正面还是负面的身教，家长的素养本身就是最直接的家庭教育。

三 反思自己处理问题的方式是否成熟

遇到问题家长的处理方式是成熟还是幼稚，也是家长要经常反思的。遇到问题的处理方式是否成熟，可以分为“解决问题”“求助”“自责”“幻想”“退避”等几种，其中“解决问题、求助”属于成熟型，“退避、自责、幻想”等方式就是不够成熟的方式，成熟型方式在情绪管理、行为方式都是稳定、积极的。

例如一位家长听孩子说“老师不喜欢我，上课我几次举手也不叫我回答问题”。这本来是老师上课提问的常见的事情，可是家长却反应强烈，坏情绪一点就燃。心想这个老师怎么能这样冷落我的孩子呢！

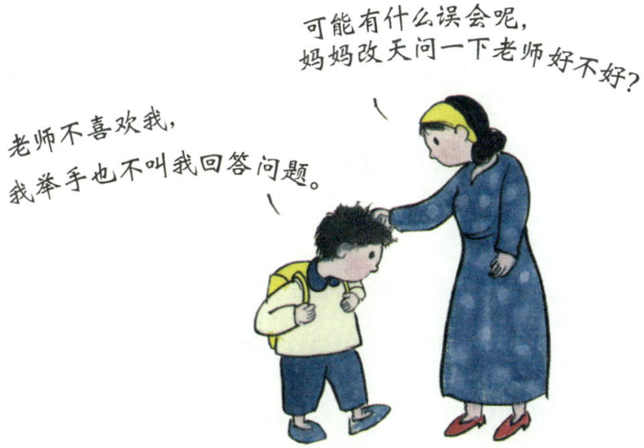

接下来的家长的应对也不成熟，采取退避方式，既不去老师那里问问情况，自己还闷着生气，然后告诉孩子，你以后少举手吧。之后“自责”自己文化不高，老师才会忽视我的孩子，我若去老师那里问情况，肯定自讨没趣等一类负面联想。这类处理方法就是不成熟的。

情况没有问清楚，自己就生闷气，主观推测、盲目自责，凭空想象，还叫孩子以后少举手，我接触到的家长，有的在整个小学六年，没有单独向老师了解过孩子的情况，不止一个家长遇到问题先打骂孩子一顿，然后束手无策，却从不求助老师，这都是不够成熟的处理方式。这种处理问题的方式亟待改变。

家长首先要把情况弄清楚，为什么孩子几次举手老师都没叫他回答问题？家长应委婉地询问老师，问清楚情况。一年级孩子只有六七岁，不一定能把情况说清楚，全班当时的具体情况孩子也很难考虑周全，所以这一点家长一定不能听到孩子说什么就立即爆发，一点就着，太草率了。

不言而喻，家长在解决教育问题的过程中，要尽快成为成熟型的教育者，遇事反求诸己，有效改变自己的幼稚和不成熟，才能更好应对孩子成长的复杂性问题。先改变自己，孩子也会逐渐好起来。

家长如何与教师达成共识

有个一年级女孩，从早上起床开始就磨蹭，动作很慢，家长还不能催，经常是还没开口催促，表情稍有一点着急想催促，女孩就哭起来。家长只好把她抱到车里，爸爸开车，妈妈喂饭，到学校大门差不多吃完早饭，下车进学校。每天早上整个家里就弥漫着着急与焦虑。半学期都过了，家长不知道怎么办。后来和班主任老师说到这个问题，希望得到指点。老师希望家长要有耐心，然后询问了孩子的一些情况，与家长商量用

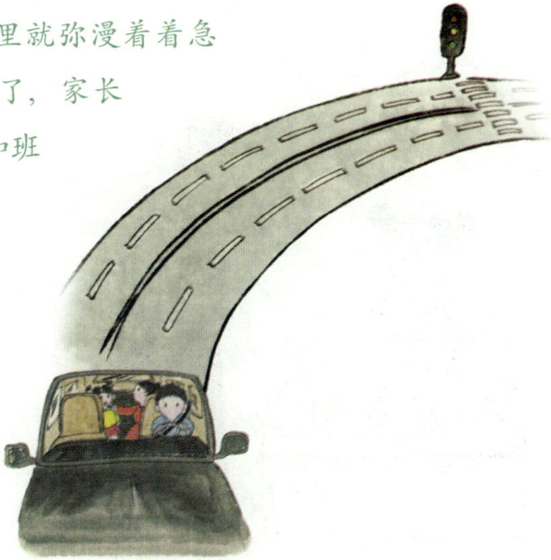

什么方法改变孩子的拖拉习惯。

到期末家长会的时候，家长非常感激地对老师说，谢谢老师改变了孩子拖拉的习惯，现在从起床到上学、放学写作业到收拾书包，都非常利索——那么老师怎样改变了孩子拖拉的呢？老师了解女孩在幼儿园当小组长当得很好，凡事都能带头做表率。老师就派给她每天早上负责收拾讲台、写课表的“小官”，女孩一下子好像长大了许多，每天闹钟铃声不到第二声就翻身起床，非常利索地洗漱、吃早餐，催着爸爸快点把她送到学校，不然讲台不整洁，课表没写，就是没完成任务。

这件事情说明什么？教育孩子的有些事情是家长无法做到的，比如家长不可能给孩子分配班级的任务；反之，有些事情也是学校老师无能为力的。比如，老师不可能给学生创设家庭的读书氛围，不可能替代家长处理家庭关系。家庭与学校各自具有的教育功能，无法相互替代，所以家长与老师要达成共识，实现功能互补，给孩子的教育才是完整的。

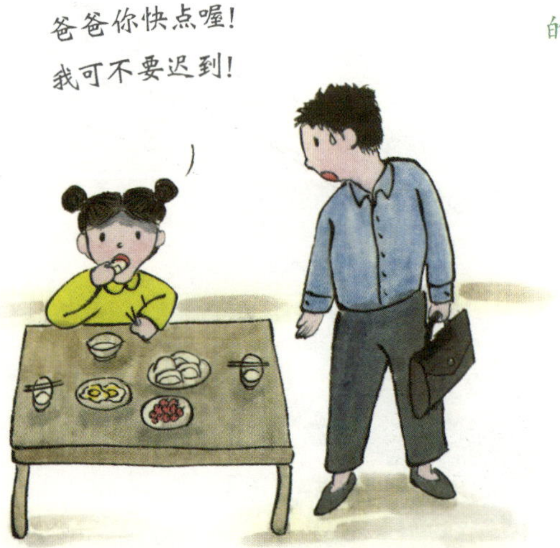

一 家长与教师达成共识不容易

我曾在小学教室里经历一件事情，放学了，孩子们陆续往外走，这时候老师叫住一个孩子说："你等一会儿，我看你写字总写不好，我看看怎么回事。"可是话刚说完，又说："算了，你还是回去吧，改天再说。"孩子离开教室，老师对我说："算了，现在的家长，你是好心给他孩子指导，他可能还去投诉说把孩子留下来了。"

我知道，现在"把学生留下来"这句话，一般不是指学生有什么不对，而是某个老师的"过失"。我不禁长叹：这是从何说起？这位老师的孩子读六年级，小升初要操心的事情还很多，她想留下学生，花自己的时间辅导学生把字写好，却担心家长要兴师问罪，让人匪夷所思。可见，家长要与老师达成共识，实现合作，并非易事。

孩子开始上学，家长就多了一种角色：学生家长，多了一层关系：与孩子老师的关系。这种关系要说简单也简单，要说复杂，有的问题的确非常棘手。有的家长把孩子送到学校就说“全靠老师了”，自己基本不闻不问；一些家长则对学校全盘关注；有的家长生怕得罪老师，说话都是小心翼翼的，也有的家长对学校总是不满、抱怨、挑剔、反感、告状，甚至发生严重冲突。

现代社会对教师的要求越来越高，家长的评价和参与也与日俱增，所以教师也并不轻松。一个重点小学的教师说，她的工作满满的，每天都非常努力，可有的家长很不满意她的工作方式。比如她发微信“家长请注意……”“明天必须带……”，有家长感觉她是在发指令，没商量，很专制。而她深感委屈：群发通知就是不尊重家长吗？一个班几十个孩子，真的没时间单独交流。也有家长动辄就要告状，媒体曝光，给学校带来不小的压力。这是一种情况。

另一方面，有学校将作业布置到学生家长的手机里，要求家长辅导学生写作业，要负责检查，要签字，很多家长每天为孩子的作业要花掉一至两小时的时间，深感负担太重，尤其在职场负有重大责任、职业特点与孩子作息不同步的家长，更是力不从心，因此对学校很有意见，但又顾虑着孩子，不愿得罪老师，于是辅导作业让相当多的一年级学生家长很焦虑。

有的家长是火药桶，孩子说一句什么，家长“一点就着”。有个女孩放学回家说今天我没吃饱，家长一听就跳起来，怎么会没吃饱呢？女孩说饭不够了，家长立刻打电话给班主任，很生气地质问：“我们没交钱吗？为什么克扣孩子的午餐。”班主任很奇怪，说：“今天还剩了不少饭菜，怎么会不够。”原来是孩子听同学说没饭了，她就没去添饭，其实只是没有米饭，她不知道还有包子、花卷，所以没吃饱。这位家长才清楚怎么回事。

另一个小孩子回家说“今天谁谁谁欺负我”，家长也“一点就着”，很生气、很紧张，赶紧找老师，老师告诉说：“你孩子喜欢邻座小朋友的卷笔刀，非要别人送给她，人家不肯，争抢起来，那个孩子抢回去了，你孩子很伤心，说别人欺负她了。”

可见一年级家长要明白，六七岁小孩子表达能力有限，很可能说不清楚一件事情。家长遇到类似孩子告状的事情，要先问清楚情况，不然就会引起误会，影响家校沟通。会但要注意，也不能因此认为是孩子撒谎、不诚实会。

那么，家长如何与教师达成教育共识，做到教育互补呢？

二 家长为什么要与教师协同教育

（一）老师才了解孩子在学校的情况

孩子上学后在学校的具体情况家长是看不到的，而老师很了解，所以家长要从老师那里了解孩子的情况。有的家长除了开家长会，平时从不问老师孩子在学校的情况，有的家长只问分数、班里第几名，其他就不关心了。老师最知道孩子在学校的表现，家长为什么就不去了解呢？有的家长还认为自己小时候上学时，家长也从来不管自己在学校怎样，不也是好好的吗？这种想法现在就有点跟不上时代了。现在的大趋势是家校合作、家长参与，对家长的要求越来越高，如果家长不闻不问，不了解孩子的情况，对孩子的学习很不利。

至少，一年级家长要向老师了解几点：一是学习方面，孩子喜不喜欢上学，上课是否能跟上老师，能不能适应学校的要求，是否喜欢活动等；二是社会品质方面：孩子在学校能不能自理，是否喜欢与伙伴一起玩，是否胆小、爱哭，是否欺负同学，是否受欺负等，这些是一年级阶段的重要问题，家长要重点关注。

同样，孩子在家里的情况也只有家长才了解，老师不了解情况。家长要主动告诉老师与孩子上学相关的情况，如抚养者、家庭成员、家庭环境等，这对老师了解学生很重要，是学校因材施教的宝贵依据。

（二）孩子的个性要在群体中才能好好发展

有家长认为班集体统一行动，会影响孩子的个性发展，这个观点是错误的。因为任何健全的个性是在群体中才能表现、才能发展，班集体对孩子是非常重要的。家长不要以为自己可以给孩子所有的一切，班集体就是家长无法给孩子的，只有学校才有班集体，才有同龄伙伴。孩子对学校的向往，很大部分是因为喜欢和伙伴在一起。孩子与同龄伙伴一起成长才是个性发展最重要的条件，任何家庭都不具备这个条件。

家长要记住，人类的本性虽是渴望个性的，但更具有“偏离群体的恐惧”，害怕孤独。小学一年级正是积极向往同伴群体的阶段，家长要向老师了解孩子融进班级是否有困难，要与老师合作，鼓励孩子努力融进班级，这是非常重要的问题。

家长如果不重视这个问题，带来的损失足以抵消掉家庭的大部分教育。

三 家长与老师如何达成一致

（一）维护教师的威信，孩子才能好好学习

一个孩子放学回家对家长说，今天老师读错了拼音，把种瓜的“种”读成第三声了。家长应该怎么回答孩子？有的家长可能反应强烈，语气尖锐而不满，甚至大加指责、大发议论、

风风火火地纠正；有的家长可能自己也不清楚该怎么读。其中有个家长告诉孩子，你照着课本上的拼音读正确就行了，也可以查字典，老师也有不小心的时候。

由于我国方言区域广大，多数方言与普通话的转换，都容易出错。如平舌与翘舌不分（zh、ch、sh与z、c、s不分，都读z、c、s），如“种”字，用在“种瓜”做动词时要读四声，虽然老师不应该读错，但出错还是难免，就连负责普通话测试考级的老师，也有读音不标准的情况出现。

这里强调一个重要问题，一年级孩子正处于“权威遵从”的心理发育阶段，孩子经常说“是我们老师说的！”老师说的话在孩子那里就是“圣旨”。 教育是需要权威的，没有权威就没有教育。

教师读错了字，还要维护教师的威信吗？这个问题很实际，几乎每个家长都会遇到。家长的原则是必须维护教师在孩子心中的权威。家长要从家长的角度去看待老师，而不是从校长的角度去要求老师。一位大学老师就给孩子讲，老师偶尔也会不小心读错字的，就像爸爸妈妈是大学老师了，还是会读错字。这位家长就很恰当地维护了教师的权威。

如果老师读错一个字，家长就否定老师，给孩子讲老师怎么这么差，可能会使孩子学不好十个、百个字。因为一年级孩子不相信老师了，怎么可能认真上学，好好写字算数？最终学不好、吃大亏的还是孩子。所以家长必须谨慎，要多方权衡。

偶尔出错，可以略去不计，如果需要，家长可以直接与教师交换意见，若问题严重，就反映给校方，总之家长要有成熟的态度和做法，不能冒冒失失地简单化处理。

（二）不用最高标准要求教师

有位家长给孩子的老师打电话，请教孩子该上什么辅导班，详细问了三十多分钟，孩子的特点，适合做什么，那时候刚开学几周，老师说需要再了解一段时间才清楚孩子的情况。家长就不满意了，给其他家长说这个老师不行，提不出具体意见。

这是每个一年级家长一定要调整好的期望值，不能用最优教师的标准去要求孩子的老师：有爱心、有耐心、文化高、精通专业、无私奉献、“心里只装着学生”……如果没达到，就说这个教师不行，很失望。家长要知道，孩子如果遇到优秀教师，那是孩子的福气，遇到一般的教师，也是常态。大多数老师是中间状态，特别优秀的和特别差的是少数。中间状态的老师专业合格，工作努力认真，尽职尽责，但这就足够了。

况且教师与家长一样，要工作养家，抚养孩子，也有人生难关、甚至过不去的坎。我认识的一位一年级教师，孩子读初三，面临升学，丈夫在外地，父母多病，她除了教学，还要做家务，孩子升学要辅导，要照顾老人等，担子不可谓不重。但她的工作认真负责，无可挑剔，如果家长还期望她额外付出时间和精力，那就不切实际了。因为大多数人都是要在工作之外料理家庭，这就是常态。

（三）尊重规范化的学校制度

有位家长对老师说，我们孩子在家里都不做家务，更不可能在学校劳动，这就是他的特点和个性。校长与她交换意见她也拒绝，最后校长说，学校是高度规范的社会机构，学校的运行不靠个性，靠规则，规则就是强制的，是要无条件遵守的。就像过马路，红灯亮了，没个性的人要遵守，有个性的人也要遵守，除非你不走这个路口。这位家长才停止了无理要求。

虽然这是极个别家长的荒唐要求，但也反映出部分家长对个性的误解。事实上越是著名的学校越以严格著称。现代学校必须遵循严格的制度，才能保证学校的正常运行。中国古代的启蒙从衣冠、步履、言语、读书、写字开始训练，现代教育也是如此，从统一的行为规范开始。

家长要尊重学校的规范，客观看待学校，看待自己。比如因材施教，有家长认为学校没做好，其实家长想想自己，按道理家庭教育最应该因材施教，可自己又做得怎样呢？这样看问题，就有理解与诚意。古人说“万类相感以诚以忠”，真诚、理解是天底下待人处事的至理。真诚、善意是家长处理亲师关系的基本点，家庭与学校教育的功能互补，学校做不到的许多事情，家长完全可以做得很好。

DAIHOUJI 代后记

一个北大女孩当年的小学入学准备

有一个北大女孩，她以优异成绩考上北大物理系，毕业后到美国求学，获生物物理博士。她聪慧勤奋、学习优异，是老师频频赞誉的尖子生，是同学不得不服气的学霸。我在写一年级新生怎样做入学准备的时候，就想起她的一年级入学准备——在上学之初，她是怎样做好入学准备，并成功奠定她一直学业优异的基础呢？

然而，她的准备与现在大部分家长热衷的准备并不相同，她的妈妈既没让她上学前班，也没有教她识字、读拼音，更没有让她去“幼小衔接班”提前学一年级的课程、做一年级的语文算数题。那么她准备了什么呢？她的入学准备一是自理能力，二是学习习惯，三是开化心智。

第一，准备好了自理能力

家长可以在家里帮孩子做一切事情，但不可能到教室里去帮孩子拿出书本纸笔、帮孩子听课写字、到操场去帮孩子穿衣换鞋。上学之后，这些都是孩子需要在学校里独自面对、独立完成的。所以自理能力强的孩子，能够紧跟老师的节奏，能独立面对学习任务。

北大女孩四五岁的时候妈妈就开始教她自己洗头洗澡虽然家里有保姆，吃饭的时候，妈妈还是要求她自己盛饭，吃完饭会把自己的碗洗了，自己的小房间自己收拾、布置……妈妈也总是喜欢夸奖她“自己的事情自己做”！这样就养成了习惯，也越来越能干。后来在北大宿舍里，她的床铺收拾得最整洁、布置得最好看。所以自理能力从四五岁开始培养，上学时候就基本上准备好 。

北大女孩从一年级开始，在妈妈温暖的鼓励中，自己完成作业、自己面对不会做的难题、自己想办法解决与同伴的矛盾……在独立面对中，她的学习能力和自信比同龄人更好。妈妈坚持让孩子自己整理书包。有一次，妈妈发现学校发的一包饼干在书包里，但并没有帮她拿出来，结果，她上学放学一直背着，三四天后自己才发现了。从那以后，她就记住了每天整理书包。

独立面对，才能长大。在高三毕业时，为了能学自己喜欢的物理，她放弃了北大其他专业的保送，自信地说:“我自己考进去！”万人争锋的北大，她真的考进去了。而且在高考的第二天早上，倾盆大雨，离考场有二十分钟的路程，妈妈说叫一个出租车吧，她说不用的，自己挽起裤腿、撑着伞，跑进大雨往考场去……

所以，准备好自理能力，很重要。

第二，准备好了学习习惯

北大女孩在两三岁的时候，就开始好习惯的养成，这个好习惯就是专心用脑的习惯。她看图画书的时候、玩积木的时候、剪纸的时候、画画涂鸦的时候——只要她在用脑，妈妈就把她的小书桌放到里屋去，与周围隔开，让她保持很专心的状态。家长自己也从不打扰她专心用脑。有一次她在地板上用积木搭建一个规模宏大的宫殿，专心致志，尝试着各种布局，到吃午饭的时间，也没有叫停她，妈妈说等等吧，专心才能读好书。

“专心的孩子最可爱！”专注才有学习效率，才能解决难题。高三冲刺的时候，许多同学都熬夜，这个北大女孩却不超过十二点，因为专注，白天的效率很高。

所以，专注用脑的学习习惯，很重要。

北大女孩在上一年级前，还有去书店的习惯。从三四岁开始，妈妈每周带她到新华书店去，去挑好看的绘本、童话、连环画。所以，她的书很多，也听了很多故事，她也看着图给别的小朋友讲故事，就照着妈妈讲的那样讲，她喜欢讲《海的女儿》，也喜欢《三国演义》里面的三顾茅庐、借东风、赤壁之战、乐不思蜀，讲的是故事，记下的是书。到高三毕业去北京求学的时候，她的书已经装满了三个高高的书柜。

因为看的书多了，北大女孩中考、高考的时候，面对浩如烟海的复习资料，她能很准确地挑选出自己需要的复习资料。她对书店很熟悉，自然心里有数。

因为喜欢去书店、喜欢看书，书店里的人都安静地坐着、专心看书，北大女孩也就养成了一个好习惯：只要看书就坐得住。对于要上学的孩子，这是多么重要的一个习惯！

所以，喜欢看书是一个好习惯，要早做准备。

第三，准备好了智力开发

北大女孩的智力开化不是从识字开始，而是从智力的基础开始的。我们看聪明两个字是什么意思？耳朵灵敏叫作“聪”，眼睛好叫作“明”，开化智力就是从感觉、知觉（视觉、听觉、触觉、体觉），智力准备，就是从多看、多听、多动手、多运动开始，充分调动了这些感官的活动，才是真正好的智力开发。

北大女孩在上一年级的时候，她已经会讲很多故事了，可是不会识字、不会拼音；她能心算相当于高年级的数学，可是不会写 1、2、3。她没去学前班，更没有去幼小衔接班。在一年级入学面试的时候，老师说这孩子连拼音都不会，智力中下。

她为什么没有提前去识字学拼音？因为一个字只是一个平面的符号，没有颜色、图形，并不算好的智力开发。然而，她读了很多绘本、《看图说话》，她的词汇非常丰富。五岁时她的词汇量超过正常水平的两倍，数学的能力也远远超出了一年级数学的水平。她的手工剪纸，已经达到十一岁孩子精细动作的水平。所以北大女孩的智力准备是非常充分的。

有家长可能想知道，这个北大女孩上学时不会拼音、不认识字，那么她什么时候追上并超过了其他同学呢？说起来时间不长，汉语拼音教完之后的总测验，全班两个孩子满分，她就是其中之一。基础打好了，学什么都又快又好。

之后，她就一直名列前茅。在她妈妈的记忆中，她小学六年的考试，字词听写从没错一个字。五年级的时候，她两周时间学完了六年级的数学，去参加全国小学生数学奥赛，获得二等奖。之后考入全国著名的重点中学，再之后考入北大，成了北大女孩。

所以，入学准备，这样开发智力，才是科学的。

写到这里，有家长可能想问，这个秀外慧中的北大女孩是谁呢？我想说：可以猜猜，不过——其实，这个北大女孩是谁，不怎么重要，重要的是这个北大女孩是真实的，她当年要上一年级的这些准备是真实的，而且被她证实了，她当年这样的入学准备，才是对的。

作家出版社文教好书

名家指导
名·师·助·你·学
小学生全阅读读本
儿童阅读课程研究中心组织编写
名家编著 配套教材
（一年级上）

小学生整本书阅读
一年级
胡红梅儿童阅读工作室/编著

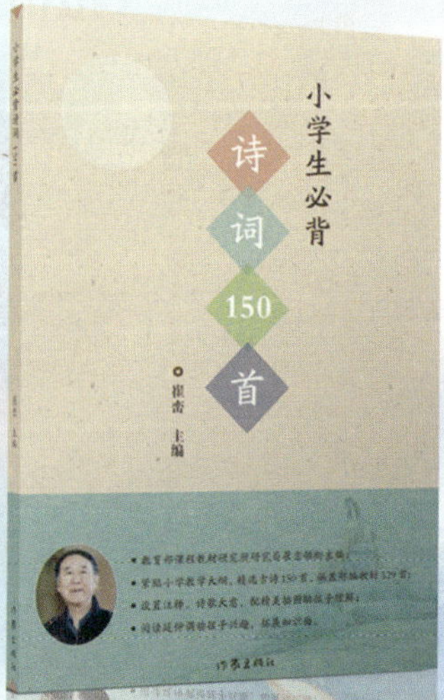
小学生必背
诗
词
150
首
崔峦 主编

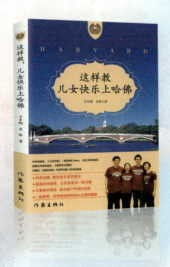

精准家教系列

一年级新生入学准备家庭训练手册

赵石屏◎主编
李　颖　钟晓琳◎撰稿

作家出版社

目录 CONTENTS

4 认知能力

5 社会适应性

习惯培养

习惯培养

生活习惯

学习习惯

生活习惯

自理习惯

训练目的：自己的事情自己做

训练建议

1. 教孩子自己早晚漱口刷牙，牙膏、牙刷、口杯放在固定的位置。

2. 教孩子自己洗脸洗脚，随手关水龙头，毛巾、脸盆用后放回原位。

3. 教孩子洗手帕、小毛巾、袜子等小衣物。

4. 教孩子自己洗头洗澡，毛巾放在伸手可及的地方，教会孩子怎样不让泡沫入眼。

注意事项

在保证安全的情况下，坚持要求孩子自己的事情自己做。

料理家务

训练目的：孩子会做简单的家务劳动

训练建议

1. 带孩子用抹布擦自己房间的桌子、椅子、门、地板等，按照从里到外、从左到右、由上而下的顺序连续擦拭，学会清洗抹布，换水，做完后将工具放回原处。

2. 就餐后带孩子收碗筷，让孩子承担一项简单的任务，如：擦净碗盘中的水渍，帮忙清理干净，结束时将清洁工具放回原处。

注意事项

1. 清洁的方法和习惯因人而异。

2. 孩子做得不够好，也应鼓励并给予指导，忌批评与责骂。

整理学习用具

训练目的：孩子自己整理学习用具

训练建议

1. 让孩子自己收拾书桌、书柜，即使凌乱，也不代替孩子收拾。

2. 坚持让孩子自己收拾书包，教孩子记住课本、作业本、文具盒、水杯放在书包里什么位置，懂得有顺序才能在学校里上课、写作业、拿文具、喝水时迅速取出使用。

注意事项

如果孩子不小心打破玻璃等危险物品，不宜由孩子自己处理。

自理习惯

训练目的：孩子能指认和整理自己的物品

训练建议

1. 带孩子指认自己的物品，如书包、玩具、图书、衣服、鞋袜等。

给孩子提供合适的收纳箱或玩具箱，教孩子分类整理和收纳，衣物用品摆放整齐。

2. 外出时提醒孩子带上简单的一两件随身物品，如水壶、玩具、图书等。更换场地前提醒孩子清点自己的随身物品，如果丢失，帮助孩子回忆和寻找。

注意事项

孩子衣物、文具丢失后，多数原因是不认得自己的东西是什么样子。

习惯培养训练基础项（第一周）

时间 项目	月 日	月 日	月 日	月 日	月 日	月 日	月 日
自己穿衣裤							
自己穿鞋 （系鞋带）							
自己洗脸							
自己洗脚							
自己刷牙							
自己收拾文具 （盒）							
自己清理 书桌台面							
参与家庭劳动							
备注							

说明：孩子完成了哪些内容，妈妈就在对应的格子里填上小红旗。

习惯培养训练基础项（第二周）

时间 项目	月 日	月 日	月 日	月 日	月 日	月 日	月 日
自己穿衣裤							
自己穿鞋 （系鞋带）							
自己洗脸							
自己洗脚							
自己刷牙							
自己收拾文具 （盒）							
自己清理 书桌台面							
参与家庭劳动							
备注							

说明：孩子完成了哪些内容，妈妈就在对应的格子里填上小红旗。

习惯培养训练基础项（第三周）

时间 项目	月 日	月 日	月 日	月 日	月 日	月 日	月 日
自己穿衣裤							
自己穿鞋 （系鞋带）							
自己洗脸							
自己洗脚							
自己刷牙							
自己收拾文具 （盒）							
自己清理 书桌台面							
参与家庭劳动							
备注							

说明：孩子完成了哪些内容，妈妈就在对应的格子里填上小红旗。

习惯培养训练基础项（第四周）

时间 项目	月 日	月 日	月 日	月 日	月 日	月 日	月 日
自己穿衣裤							
自己穿鞋（系鞋带）							
自己洗脸							
自己洗脚							
自己刷牙							
自己收拾文具（盒）							
自己清理书桌台面							
参与家庭劳动							
备注							

说明：孩子完成了哪些内容，妈妈就在对应的格子里填上小红旗。

学习习惯

用脑习惯——专注力

训练目的：纠正孩子注意力不集中

训练建议

开始时家长给孩子定一个起点，起点相对要低，如持续 5 分钟不分心，孩子达到这个标准，家长就给予及时表扬，争取一点一点地增加。小学一年级孩子能够持续用脑 10～15 分钟。

用脑习惯——专注力

训练目的：家长不干扰孩子专注用脑

训练建议

家长要避免人为地干扰孩子。孩子在写作业，家长自己就成了不停去分散孩子注意力的“干扰素”，如大声说笑、随意打断孩子，甚至让孩子在电视一旁，一边画画、看书，一边看电视。

用脑习惯——专注力

训练目的：写作业快速进入思考状态

训练建议

1. 孩子写作业，要固定桌椅，与学习无关的摆设一律撤除，如画片、小玩艺都不要放桌上，以免分散孩子的注意力。

2. 孩子坐下来作业看书以前，要求孩子准备好笔、墨水、橡皮等学习用具，喝水、上厕所等琐事也最好不要在坐下写作业后又才想起，让孩子一坐下来就很快进入思考状态。

用脑习惯——专注力

训练目的：写作业能集中注意力

训练建议：

要纠正孩子写作业的坏习惯：

一边作业一边“呼风唤雨”，一会儿要这样，一会儿支使家长那样；起身东走西走；不如意，就发脾气，威胁家长“我不做作业了”。

用脑习惯——专注力

训练目的：专注用脑能保持10~15分钟

训练建议

1. 家长给孩子讲一道题，把要讲的讲清楚之后，就要求孩子独立做完整个题，不能讲了一点，孩子就跑开去做题，一会儿又跑过来问，刚讲懂一点又跑开了。避免一道题、一次作业多次折腾。

2. 孩子写作业如果连续用脑、连续书写不能保持10~15分钟，家长要用作业内容不断向孩子提问，以保持孩子的思考状态。才能纠正孩子思考问题断断续续的坏习惯。

3. 来了客人不打断孩子的学习状态，不要求孩子立即表示礼貌；有的孩子不能专注写作业，一个问题不能在脑子里待多久，稍有困难，思路就中断，与家长随意打断孩子的思路有关。

4. 家长给孩子讲故事专心地讲，不能讲几句又中断了，破坏孩子的专注力。

用脑习惯——有效学习

训练目的：培养孩子的效率意识、能力

训练建议

1. 把对时间的要求改为对效率的要求。比如：

“今天我们做数学 20 分钟”改为“今天我们做 50 道 100 以内的加减法”。

“昨天 50 道题做了 15 分钟，今天试试看争取更快一点？”

2. 孩子学习效率有提高，要鼓励嘉奖孩子有能力提高效率。

3. 孩子学习效率有提高，学习时间缩短，不能因此给孩子加任务。

4. 提高效率省出的时间，用于孩子户外活动、体育运动。

意识培养

意识培养

任务意识

安全意识

任务意识

负责一件事情

训练目的：培养对一件事情有责任意识（1）

训练建议

1. 和孩子一起播撒种子，然后让孩子记住每天负责给种子浇水，种子发芽后继续定期浇水。

2. 如果有枯叶或落叶，让孩子拾起扔进或扫入垃圾桶。

注意事项

孩子不能触碰肥料等一类化学物品。不能在极端天气条件下照顾植物。

负责一件事情

训练目的：培养对一件事情有责任意识（2）

训练建议

1. 交给孩子一个任务，如记住定期喂养一种家里的小动物：金鱼、小鸟。

2. 认领一种小动物，如：鹦鹉、小狗、小猫、小乌龟、金鱼等，查询资料带着孩子熟悉它的特性并进行观察。

注意事项

喂养任务要简便易行，清理粪便等事项由成人完成。小动物环境定期消毒，杜绝感染疾病。

安全意识

食品药物安全

训练目的：养成良好的饮食习惯

训练建议

1. 家长带着孩子一起，每天饭前洗手，饭后漱口、擦嘴。

2. 少吃零食，不偏食、挑食，多吃天然食品，少吃膨化食品、有添加剂的饮料。

3. 教孩子辨别新鲜和变质的食物。教孩子识别路边小摊贩的不卫生食品。

4. 妥善保管消毒剂和杀虫剂等有毒物品，告诫孩子不能触碰。

无敌小吃！！！
XX 小吃

注意事项

家长需以身作则。对孩子适当的行为进行当场肯定。

着装安全

训练目的：孩子能注意到着装安全

训练建议

根据环境不同选择合适的衣物，如冬季注意保暖，夏季注意防晒，爬山选择运动装……教孩子在冷热变化时添加、减脱衣服。

注意事项

购置的孩子衣物要易于穿脱。

危险意识

训练目的：孩子能分辨危险场所

训练建议

1. 建筑物转角处：容易发生碰撞。

2. 巷道交叉处：不易看见从另一方迎面而来的汽车或摩托车。

3. 建筑工地：常有挖机、推土机、运输车等作业，远离地上堆放的钢筋。

4. 停车场：常有车辆倒车的情况，司机有视觉盲区，请跟着家长一起下车，避免站立在车头车尾。

5. 游泳池、水塘：小心掉入水中。

6. 杂草丛生的地方：尤其夏季的早晨或傍晚夜间，小心蛇出没。

7. 泥坑、泥潭：容易滑倒，小心陷入泥中。

让孩子复述几处有危险的地方。

注意事项

可结合孩子居住环境的实际情况进行补充和调整。

交通安全

训练目的：孩子了解交通安全

训练建议

1. 让孩子认识常见的交通安全标志。用图卡、图书、视频和交通现场让孩子认识人行横道线（斑马线）、盲道、红绿灯、人行天桥、地下通道、等交通安全设施。平日带孩子上街时实地训练。

2. 与孩子一起玩过马路的游戏（可利用玩偶），教孩子交通安全的诗歌或顺口溜，如“红灯停，绿灯行”“行走应走人行道，没有行道往右靠”“一慢二看三通过，莫与车辆去抢道”“公路来往车辆多，追逐打闹会闯祸”“乘车安全要注意，遵守秩序要排队”“候车要在站台上，文明乘车讲礼貌”。

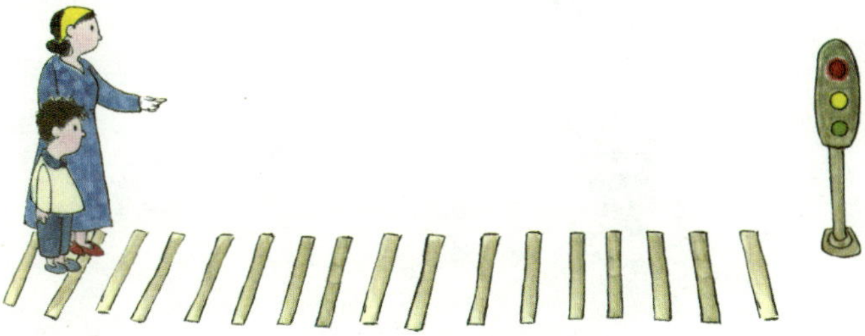

用火安全

训练目的：禁止玩火，学会自我防护

训练建议

1. 认识火的危险害。将少许样品纸放入火中请孩子观察其烧成灰烬，利用图片、绘本、视频等让孩子了解火灾的危害（烧毁房屋、树木、小动物和人）。

2. 让孩子记住火警电话号码，若遇失火可拨打电话 119。

遇到大火应该寻找安全的地方，低垂眼睛在浓烟下爬行。

注意事项

有条件的家庭可带孩子观看或参加消防演习。

用水安全

训练目的：孩子了解溺水的危险性

训练建议

1. 了解水的危险：溺水会给我们带来生命危险，洪水会冲走房屋、树木、动物和人。

2. 孩子在户外要远离水多的地方（河边、池塘、游泳池等），告诫孩子不能私自下水，下水一定要有家长陪同保护。

用水安全

训练目的：孩子了解用水安全

训练建议

1. 可供孩子玩水的途径：洗衣盆或浴缸盛水，钓鱼、划船、游泳、泡温泉……

2. 让孩子观察沸水，用手轻触装热水的容器，教孩子往过热的水中兑冷水。

注意事项

反复提醒孩子玩耍时注意安全。

用电安全

训练目的：认识电，安全使用电器（1）

训练建议

1. 教孩子认识周围生活环境中有危险的电器用品：电线、电插座、电插头、电开关、电风扇叶、空调扇叶等，告诉孩子一律不能触碰。屋外断头的电线尤其不能去触碰、脚踩。

2. 了解电的危险。利用图片、绘本、视频等媒介让孩子了解触电或电击事故对生命的威胁。

用电安全

训练目的：认识电，安全使用电器（2）

训练建议

1. 教孩子会看安全用电标志。一般分为：红色标志表示禁止、停止和消防；黄色标志表示注意危险；绿色标志表示安全无事。

2. 学会安全用电。正确插拔插头，手不碰触金属片，只能触碰插头的塑料壳，手指不能伸进插座孔，不能用湿手去开灯、关灯或触摸其他电源开关，远离户外的变压器、电线杆等。

认识小心触电的符号，看到此符号应该远离。

注意事项

孩子用电需家长监督。

锐器使用安全

训练目的：孩子学会安全使用尖锐状物器

训练建议

1. 让孩子观察锐器（刀、剪刀）使用不当的危险。给孩子示范如果使用不当会有什么危险。如：刀切水果可能切到手指，剪刀的尖可能戳到别人。

2. 识别可能伤人的锐器：吃饭的筷子、烤肉的竹签、写字的铅笔、圆珠笔等。教孩子怎样安全使用，如不准含在口里，不能手持尖锐物乱跑，不能将尖锐物对着他人等。

认识路程

训练目的：孩子能识记学校与家的位置及路线（1）

训练建议

1．上街买东西。带孩子在居家附近的超市或店铺购物，教孩子记住方向及建筑物，让孩子给家长带路，观察其是否记住。

2．与孩子一起回顾上学放学的路程，搭乘的什么公交车，车站位置，并记住公交车线路的番号。

家长自己有车接送孩子上学，也必须要教孩子认识上学沿途的道路，建筑名称、特点。

注意事项

小学儿童上学不宜远距离，路途时间不超过半小时为宜。

认识路程

训练目的：孩子能识记学校与家的位置及路线（2）

训练建议

1. 与孩子讨论交通规则，如：行人走人行道，注意红绿灯等。列举搭乘公交车的注意事项，如：依次排队轮流上车等。

2. 进小学一年级的第一二周，制作挂于胸前的卡片，上面写上孩子的学校、班级及老师姓名，帮助孩子找到位置。

自我保护

训练目的：熟悉个人及家人基本资料

训练建议

1. 请孩子说出自己的姓名、性别和年龄。

2. 请孩子说出自己的家庭住址（详细到门牌号）、家庭电话。

3. 请孩子说出一位亲近的家人的姓名、单位、职业和电话号码。

自我保护

训练目的：不与陌生人交谈、玩耍（1）

训练建议

1. 教会孩子不给陌生人开门，不与陌生人讲话，不喝陌生人的饮料，不吃陌生人的食物，不跟任何人走。

2. 小秘密要告诉爸爸妈妈。

自我保护

训练目的：不与陌生人交谈、玩耍（2）

训练建议

1. 内衣内裤遮盖的地方不许别人碰。

2. 学会拒绝陌生人，如果有人要求做无礼或危险的事，要坚决说“不”，并懂得大声呼救。

在公共场合独自遇到危险时，要向附近穿制服的警察、保安求助。

动作技能

动作技能

体质训练

大动作

精细动作

体质训练

体质训练

训练目的：训练力量、训练速度

训练建议

1. 力量训练：跳台阶、跳高、跳远、跳绳、快速跑、爬山、爬绳、俯卧撑、沙袋、仰卧起坐。

2. 速度训练：各种短跑、小步跑、高抬腿、跑台阶、球类比赛、追逐性游戏、游泳。

体质训练

训练目的：训练耐力、灵敏性

训练建议

1. 耐力训练：比较长时间的跑步、跳跃、登山、游泳、滑冰，以增加耐力。

2. 灵敏性训练：追逐、躲闪、足球带球、体操、武术。

体质训练

训练目的：训练弹跳力，抗阻训练

训练建议

1. 弹跳训练：下蹲起跳、摸高、立定跳远、跳绳、跳皮筋。

2. 抗阻训练：哑铃操、深蹲、俯卧撑。

大动作

坐、立

训练目的：孩子能听指令坐立

训练建议

家长带着孩子玩坐立的口令游戏。三人一组，一人扮演口令员，负责向另外两人发出口令；剩下两人需要听口令做动作，当听到口令“坐”时，坐在凳子上，当听到口令“立”时，站起来；做动作的两人要比赛，看谁的动作正确且速度最快。三人可相互轮换扮演口令员。

坐、立

训练目的：孩子能自己静坐等待三分钟或以上

训练建议

平时在家里吃水果或零食，当孩子表现出急切要求或愿望，家长不立刻满足孩子，并提出坐等要求，三分钟后再予以满足。比如孩子看到餐桌上的芒果，叫嚷着要吃芒果，这时候，家长说：“可以，但是你要先把自己的小果盘和叉子拿过来，坐在这个凳子上，等妈妈（爸爸）把它削好切成块。”家长可以控制自己操作的时间在三分钟左右，让孩子按照要求静静等待三分钟。

当孩子有了坐等的意识后，家长不必再刻意要求，必要时委婉提示，让孩子学会静坐等待。

行走

训练目的：能负重（书包）行走

训练建议

1. 训练孩子步行，达到能快速连续行走至少400米的距离。

2. 家长有意识训练孩子适当背负相当于书包的重量步行。

注意事项

步行距离适当，背负重量适当。

行走

训练目的：孩子能拿着物品行走

训练建议

1. 外出行走时，家长让孩子拿着自己物品，孩子能自己拿着物品步行。

2. 生活中，家长有意识训练孩子手拿物品行走。如超市购物后，让孩子分担部分物品，用手提着往回走。

注意事项

步行距离适当，手提重量适当。

行走

训练目的：孩子能在狭窄台面上平稳行走

训练建议

1．在地面用粉笔画出一条 20 厘米宽、2 米长的直道，和孩子比赛：从起点走到终点，脚不能踩到边线，看谁走得又快又稳。家长可视孩子的水平增加难度，如延长直道、增加弯道等。

2．带孩子去游乐场玩时，寻找到行走平衡木，或高度合宜、可以脚踏的狭窄台面，让孩子在上面练习行走。

行走

训练目的：孩子能坚持较长时间的行走

训练建议

视孩子的身体状况，训练孩子较长时间的行走能力。家长经常带孩子散步、爬山，在行走期间，一起玩走走蹲下、走走跳跳、走走跑跑的游戏。

跑步

训练目的：孩子跑步能达到上学的基本要求

训练建议

1. 教孩子练习高抬腿。先学会原地高抬腿：双脚站立，身体站直，然后一条腿不动，另一条腿屈膝抬高至水平，再两脚交换高抬腿。孩子熟练动作后，加快速度，完全掌握后可尝试高抬腿跑。

2. 教孩子练习摆臂。以肩关节为轴，手臂前后摆动，向前摆动大小臂夹角大约 90 度，手的虎口和肩平；向后摆动大小臂夹角约 135 度。摆臂时，两手不要紧握，手指成半握拳或自然伸掌。在练习时，家长可以播放音乐或喊“一二一”的口号，增强律动。

3. 和孩子一起玩追逐游戏。家长在前面跑，让孩子在后面追赶；或让孩子在前面跑，家长在后面追赶，注意引导孩子短距离快速奔跑。

4. 带孩子到公园，让孩子在有变化的跑道中跑步，跑步过程中指导孩子注意手脚配合，抬左腿时向前摆右臂，抬右腿时向前摆左臂。

跳跃

训练目的：孩子学会单脚跳

训练建议

1. 教孩子金鸡独立的动作：一只脚站稳，一只脚弯曲、悬空，身体保持平稳。孩子熟练后，和孩子一起玩斗鸡游戏。

2. 和孩子一起单脚平地跳、单脚跳台阶。单脚从上一级台阶跳至下一级，至少连续下跳两级；再由下一级跳至上一级，至少连续跳两级。

注意事项

5 岁孩子在地平面单脚能跳 15 步左右。

跳跃

训练目的：孩子学会双脚跳

训练建议

1. 让孩子双脚并拢向前跳，练习两种跳跃方式。一种是短距离、连续跳跃两次以上；一种是跳远，向前跳跃一次，尽力跳远一点。为增强趣味性，可在地上画一排格子练习连续跳跃。

2. 和孩子一起双脚跳绳、双脚跳台阶。双脚并拢，从上一级台阶跳至下一级，至少连续下跳两级；再由下一级跳至上一级，至少连续跳两级。

注意事项

5 岁孩子双脚跳远为 71～91 厘米。

跳跃

训练目的：孩子能跳跃障碍物

训练建议

1. 拉一条橡皮筋，离地面约 10 厘米，让孩子双脚并拢跳跃过去；熟练后，可根据孩子的跳跃水平，抬高皮筋，增加难度。也可以练习单脚跳跃。

2. 和孩子一起玩障碍赛游戏。划定一段距离，设立起点和终点，在终点放置一件物品（如篮球、书包、玩具等），在这段距离中设置一个障碍物，让孩子以跳跃的方式跨过障碍物，去取终点的物品。

跳跃

训练目的：孩子能够跳高够物

训练建议

1. 带孩子玩跳打玩具的游戏。家长拿着安全玩具，根据孩子的跳跃水平，先举到孩子能够到的高度，让孩子跳起用手拍打玩具，再逐渐抬高，增加难度，可重复训练。

2. 带孩子在公园散步时，一起玩跳起摸高的游戏。找到一棵高矮适中的树，教孩子学会助跑跳跃，和孩子一起跳起摸树叶。

精细动作

抓、握

训练目的：增强手指的抓握力，能抓握住小物体

训练建议

准备一把小豆子，装在一个盘子里，让孩子用手指抓起一小把，走动几步，放到另一个空盘子里。两个盘子之间的距离应在 50 厘米以上，走动期间不让手里的豆子掉出来。

注意事项

告诉孩子豆子不能放进嘴里。

抓、握

训练目的：训练手指抓握力，能紧紧抓握物品

训练建议

准备一根塑料或木头小棍，和孩子一起玩抽棍游戏。先由家长示范手握小棍，让孩子用手抓取；家长尽力握紧小棍，孩子有三次抓取机会；三次以后，则交换角色，由孩子手握小棍，家长来抓取。小木棍也可用笔、筷子等物品替代。

剪、切

训练目的：会用剪刀沿边剪东西

训练建议

1. 做准备一张纸，在纸上画出一条直线，或者将纸折叠形成一条折痕，然后让孩子沿着所画或所折线条剪纸。一张纸可以从大到小多次练习，提高材料使用效率。

2. 在纸上用彩笔画出圆形、三角形、正方形、心形、五角形等图形，分别让孩子沿着图形边线剪下来。也可以让孩子在纸上画一个娃娃或动物图像,再让孩子沿图像边线剪下图像。

剪、切

训练目的：会用小刀切软物

训练建议

1. 和孩子一起玩橡皮泥，分别把橡皮泥搓成条状、饼状，并在泥条、泥饼上用笔画一条线，让孩子用玩具刀沿线切开泥条、泥饼。

2. 备好安全的儿童水果刀，教孩子用刀切软的食物，如蛋糕、面包、西瓜等。切食物时，告知孩子：

（1）两只手的使用——一只手握紧刀柄，使刀头向外；另一只手按紧食物，同时注意手和刀刃保持一定距离；

（2）用力点——将刀刃轻放到食物表面，当刀刃接触食物时，再用力地快速切下。

训练物品

安全的儿童水果刀，易切的软的食物。

注意事项

务必保证是儿童安全小刀，即玩具刀。

拖、拉

训练目的：孩子能拖、拉物品

训练建议

1. 准备一个纸箱，在一侧打孔系上绳子，让孩子将纸箱从一处拖拉至另一处。可往纸箱里增放物品，根据孩子的力度增加拖拉难度。

2. 在生活中练习拖、拉：带着买菜的手拉车去超市购物，购物中让孩子拉手拉车。

外出旅行时，让孩子拖自己的行李箱或者家庭的小型行李箱。

孩子做到后，表扬孩子能帮忙分担家务。

注意事项

训练要注意孩子力所能及。

拖、拉

训练目的：孩子能用拖布拖地

训练建议

1. 教孩子正确使用拖布，学会拖地：认识家里的拖布，让孩子知道如何让拖布吸水，如何弄出多余的水并使拖布保持湿润；两手相向一上一下握住拖布，一推一收，注意力度，均匀地拖地；清洗拖布。

2. 让孩子参与家务劳动，分配拖地的任务，并日常化，比如：暑假期间，要求孩子每日为家庭拖地一次。

洗、刷

训练目的：孩子会把手洗干净

训练建议

教孩子洗手的步骤，让孩子反复练习至日常化。

1. 将肥皂涂抹在两手的手心、手背、手腕处。

2. 两手的手心、手背、手指缝相互搓动。

3. 用水清洗干净。

洗、刷

训练目的：会自己洗脸、洗脚

训练建议

坚持要求孩子自己洗脸、洗脚。

洗、刷

训练目的：会自己清洗简单衣物

训练建议

让孩子学洗自己的手帕、袜子等，反复练习至日常化。

1. 洗衣服时，长袖衣服要将袖口卷起、推至手臂上。

2. 一只手去拿肥皂或洗衣液，将其均匀涂抹在衣物上。

3. 有明显污渍的地方，反复多次搓揉。

4. 衣物从局部到整体搓揉完毕后，放到水中搓洗，再拿出拧干。

5. 摊开衣物，晾在衣架上。

注意事项

家长要注意先调好恰当的水温。

洗、刷

训练目的：会自己刷牙、漱口

训练建议

1. 教给孩子正确的刷牙方法：

先刷牙齿外表面：下牙从下往上刷，上牙从上往下刷；

刷牙齿咬合面、刷牙齿内侧面、由内向外轻刷舌头表面。

2. 家长示范，每天早晚刷牙、餐后漱口。

挤、拧

训练目的：孩子会用手挤东西

训练建议

1. 准备一块海绵，浸泡在水里然后取出，让孩子用手挤出海绵里的水。反复操作，引导孩子用不同的力度、速度操作，感受手部“挤”的动作。

2. 刷牙时让孩子自己挤牙膏。家长给孩子做示范怎样拧开牙膏盖，挤出牙膏。

挤、拧

训练目的：孩子会用手拧物

训练建议

1. 教孩子旋转腕部学习拧的动作，比如：拧开瓶盖、拧紧瓶盖；准备一对大号的平头螺丝钉和螺丝帽，确认其安全性后，教孩子练习用手拧螺丝。

2. 手洗毛巾、手绢时，教孩子拧干毛巾、拧干小手绢等。

粘、合

训练目的：孩子会使用胶棒或胶水粘合

训练建议

1. 准备两张纸条，一张横放，一张竖放，将一个角重合（如下图），让孩子在重合区涂抹胶水或胶棒，将两张纸条粘在一起。

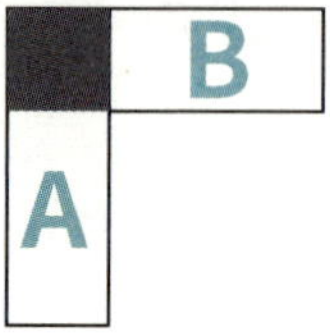

2. 陪孩子一起做手工：准备一张 A4 纸、一把儿童安全剪刀和一些不同形状、不同颜色的小纸片；让孩子发挥想象力，以 A4 纸为背景，通过粘贴的方式，用这些小纸块完成一幅拼贴画。

擦、抹

训练目的：孩子会自己擦桌子

训练建议

1. 家长示范，教孩子学会使用抹布擦桌子：适度用力，不能打圈，顺着一个方向擦，留意已擦过的桌面是否干净。

2. 为孩子准备一张抹布，让孩子负责自己写字台的桌面清洁，并日常化。

擦、抹

训练目的：孩子会正确使用橡皮擦

训练建议

1. 用铅笔在白纸上画出大小、形状各不相同的符号，如：实心圆、空心圆、横线、曲线、三角形等，让孩子用橡皮擦擦掉。家长要注意观察孩子使用橡皮擦的力度、擦拭面的幅度：力度不宜过轻也不宜过重，过轻则不能擦污，过重则在纸上形成褶皱；擦拭幅度不宜过大。让孩子反复练习，掌握擦拭技巧。

2. 用铅笔在白纸上书写一排符号、一句话，分别挑选一个符号和句中的一个字，让孩子用橡皮擦擦掉，要求不能擦到旁边的符号和字。孩子可多次练习。

撕、扯

训练目的：孩子能手撕物品

训练建议

1. 给孩子买的包装袋含撕口的零食，让孩子自己撕开包装袋。

2. 准备几份不同材质含有开口的薄片，比如：A4 纸片、宣纸片、塑料片、绸布片等，让孩子沿着开口撕开，体验不同的撕扯感受。

穿、脱

训练目的：孩子会自己穿脱衣服

训练建议

1. 教孩子穿衣：识别套头衫的正反、前后与领口；识别开衫的正反、左右。学会扣纽扣，学会拉拉链。让孩子用较宽大的套头衫、开衫练习穿衣；熟悉正确的穿衣顺序。在反复练习中，逐渐熟练，提升穿衣速度。

2. 教孩子脱衣：先脱教宽大的背心，动作教熟练后，再学脱日常套头衫。脱开衫，学会抓住两边衣襟向后翻，使袖孔脱离肩膀；双手配合使衣袖脱离手部。

穿、脱

训练目的：孩子会自己穿脱裤子

训练建议

1. 教孩子穿裤子：识别裤子正反、前后。先让孩子练习穿三角裤、短裤，再练习穿长裤；让孩子掌握分解的穿着步骤。

2. 教孩子脱裤子：双手抓裤头，下拉至臀部，弯腰将裤头继续下拉至膝盖，屈膝继续往下拉，将一只脚从裤管中脱出，再脱出另一只。先让孩子练习脱短裤，再练习脱长裤。

穿、脱

训练目的：孩子会自己穿脱袜子

训练建议

1. 教孩子穿袜：识别有跟袜的正反、上下。先用袜面上有画或袜跟、袜尖有较突出的颜色的袜子练习，熟练后，用日常所穿的素色袜练习。

2. 教孩子脱袜：用双手将穿在脚上的有跟袜，从袜管口往下推过脚跟到脚尖脱出。不能用双手抓着袜尖向外拉扯。

穿、脱

训练目的：孩子会自己穿脱鞋子

训练建议

1. 教孩子穿鞋：熟悉穿鞋步骤——先将鞋口向上，鞋底平放在地上；鞋头向前，鞋跟靠近身体，左右放好；抬起脚伸入鞋口，双手用拇指及食指外侧握住鞋口，两边（如有鞋舌）一起向上提，使脚完全穿入。整理鞋带、鞋舌及鞋扣等（如有）。

2. 教孩子脱鞋：单手抓住鞋跟向下推，脚抬起向外拉，使脚跟脱离鞋口，提腿将脚从鞋口内脱出。

解、系

训练目的：孩子会自己解系鞋带

训练建议

1. 准备几条鞋带，分别打上家里常用的绳结（如蝴蝶结、半结等），教孩子解开绳结。孩子反复练习、逐渐熟练后，再蹲下身练习解自己所穿鞋上的鞋带。

2. 准备几条鞋带，先教孩子打常见的绳结，熟练后，拿来一只鞋，教孩子在鞋孔中穿鞋带，穿好鞋带后，再打结。最后，在自己的脚上练习系鞋带。

握笔

训练目的：孩子能正确握笔

训练建议

1. 让孩子书写或画画，观察孩子握笔姿势是否正确（参照下图），如不正确，由家长示范正确的握笔，让孩子模仿。

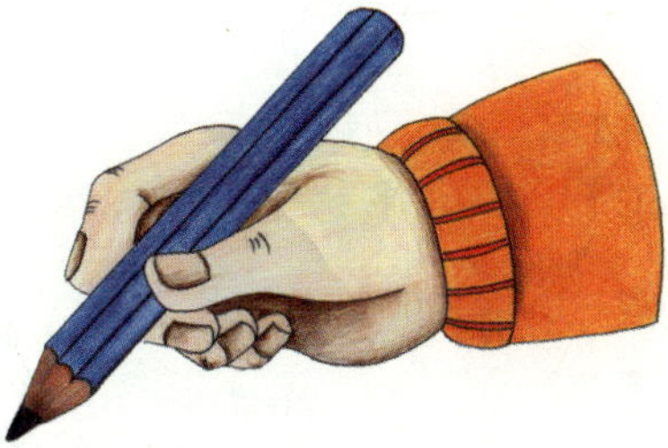

2. 教孩子正确握笔的儿歌：拇指食指捏笔杆，其他三指垫下面，指尖笔尖一寸远，笔杆斜靠虎口边。带着孩子一边念，一边在手上对照练习。

书写

训练目的：孩子会正确的书写顺序

训练建议

1. 了解孩子的利手，观察孩子平时绘画、书写的顺序。右利手的书写顺序一般是从上到下，从左到右。引导孩子按正确的顺序书写。

2. 在平日辅导孩子写作业的时候，教孩子了解作业中的拼音、汉字、数字的书写顺序。

注意事项

利手是指日常生活中惯用或善用的手。目前对于左利手书写顺序尚无成熟的结论。

书写

训练目的：了解什么是规范的书写

训练建议

让孩子临摹符号（不必学习符号的意义），如字母、汉字、数字等，选择书写规范正确的模板，向孩子讲解模板上的书写要点，再让孩子稍作观察，模仿书写。书写一遍后，和孩子一起找出模仿得最好的一个字，和最不好的一个字，可进行第二遍模仿书写，次数不宜多，每个字最好不超过三遍。

削笔

训练目的：孩子会使用卷笔刀削笔

训练建议

为孩子准备安全的卷笔刀，带孩子认识卷笔刀。先由家长示范使用，比如：将铅笔笔尖一端放入卷笔刀内，然后将铅笔旋转三圈左右，取出查看笔芯是否削尖可用；再让孩子自己尝试。如果孩子多次表现出操作困难，家长可以手把手教孩子。

掌握使用方法后，需多次练习，直至熟练操作。

认知能力

认知能力

感觉

知觉

数的能力

语言能力

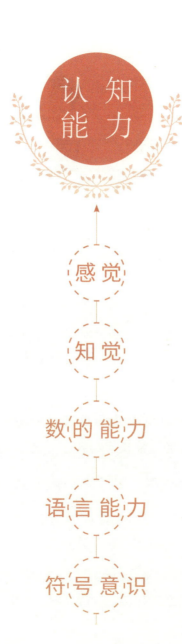

符号意识

感觉

视觉

训练目的：辨别孩子是否存在视力问题

训练建议

1. 准备一份标准的视力测试表，贴在墙上，测试孩子的视力。注意活跃气氛，家长可与孩子一起互动，增强游戏性。

2. 备好色盲测试图，测试孩子是否色觉缺陷。

（注：5～7岁孩子的正常视力为1.0。）

注意事项

如果孩子存在色觉缺陷，不可直接指出，以免孩子产生恐慌、误解。

视觉

训练目的：孩子懂得怎样保护视力

训练建议

1. 教孩子做眼保健操。家长给孩子做眼保健操的示范，或者播放标准眼保健操的视频（家长和孩子一起学）；每日固定一个时间点和孩子一起做操，坚持数日，最后日常化。

2. 在日常生活中，规范孩子的用眼卫生。让孩子知道用眼卫生常识：如：走路或乘车不看书或视频；控制单次用眼的时长，一般30分钟左右；不近距离读写、看视频；注意读写光线。

视觉

训练目的：孩子能在短时间里回忆所见

训练建议

1. 和孩子一起玩“过目不忘”游戏。家长带孩子到超市、商店购物，购买 4～6 种外形差异明显的物品，让孩子看看今天买了那几样东西，回家后让孩子回忆出买的哪几样东西。

2. 准备长度在 30 厘米左右的彩带，家长先从中挑选三根不同颜色的彩带，将其一端齐平捏在手里，放到身后。当孩子准备好以后，家长把手举到孩子面前，让孩子观察手里捏的彩带，然后再放到身后，让孩子说出家长手里的彩带有几根，有哪些颜色。随着孩子准确率的提升，家长可逐渐提高难度：增加彩带的数量和颜色，缩短观察的时间。家长也可以与孩子互换角色，相互比赛。

注意事项

外形差异不明显的物品，如小葱和韭菜；五六岁儿童记忆分辨有难度。

视觉

训练目的：孩子能在较长时间里回忆所见

训练建议

和孩子一起看喜欢的图书或视频，看完后，让孩子讲述所看的主要内容（包括人物、情节等），孩子讲述一篇后，家长帮助孩子整理，和孩子一起复述；第二天，再问孩子。

注意事项

多用家庭生活环境的条件进行练习，不用上课那样正规。

听觉

训练目的：注意孩子是否存在听力问题

训练建议

在日常生活中，留意孩子讲话是否存在以下情形：

1. 语调是否过于简单，语音不流畅；

2. 对音乐和节奏的反应是否很慢；

3. 听不清楚别人的说话，需要重复或加大音量才能听清；

4. 如果存疑，带孩子到医院做听力检查。

注意事项

家长掌握情况，不能大惊小怪，即使医院诊断孩子听力有问题，也必须保护孩子的心理健康。

听觉

训练目的：增强孩子听觉记忆（听觉的短时记忆）

训练建议

1. 带孩子一起玩声音模仿游戏，让孩子跟着家长说、读、唱。家长可以先从发声开始，逐渐到说字、说词、说短句、说长句，逐渐增加模仿难度。家长可与孩子互换角色。

2. 准备一个玩具电话，家长和孩子一起玩拨号游戏。由家长报数字，然后孩子根据家长的报数在电话上拨号，可先从一位数字开始，逐渐增加难度。

听觉

训练目的：增强孩子听觉记忆（听觉的短时记忆）

训练建议

1. 家长给孩子讲故事，之后让孩子复述。也可以同听画的方式来完成：家长讲完故事后，孩子把自己听到的故事在纸上画出来。过一段时间，再让孩子试着讲这个故事。

2. 在日常生活中练习：去文具店购物，告诉孩子铅笔、文具盒、橡皮擦、尺子各是多少价钱，说“帮妈妈记住多少钱一个”，回家后让孩子回忆各自的价钱。过一段时间，一周或一个月以后，再试着问孩子“妈妈忘了，上次那个文具盒是多少钱一个？”

感觉

训练目的：孩子能够感觉、分辨出冷、热、湿、冻

训练建议

1. 让孩子有冷热湿冻的触觉经验。玩蒙眼睛游戏，让孩子蒙着眼睛触摸到冷热湿冻的物体，让孩子说出自己的感受。

2. 引导孩子在生活中感受冷热湿冻。当外部气温环境变化时，家长有意识地向孩子表达冷热湿冻的感受，作为一种示范，告诉孩子当身体有感觉时，要主动表达，学会孩子自己表达。

肤觉和体觉

训练目的：增强体觉，发展身体控制能力

训练建议

带球奔跑，平衡木行走，体操、舞蹈、武术等，都能发展孩子的平衡感、四肢控制感、速度感。

病觉

训练目的：孩子能够自己觉察疲惫、饥饿、口渴

训练建议

孩子疲惫、饥饿、口渴时，告诉孩子这叫疲惫、饥饿、口渴，教孩子要表达出来，解决的办法主要是告诉家长、老师、自己休息、知道找水喝。

在日常生活中留意孩子是否能清楚表达疲惫、饥饿、口渴等。

病觉

训练目的：孩子能够自己觉察疼痛、发热（发烧）

训练建议

1. 在日常生活中留意孩子对身体疼痛的觉察，让孩子知道疼痛对身体的利弊，告诉孩子身体感到疼痛时（如：头疼、脚疼、肚子疼等），要及时告诉家长，在学校要及时告诉老师。

2. 告诉孩子身体发热发烧时的症状：额头发烫、很疲倦、坐不稳、全身酸痛、怕冷、打战等，告诉孩子要及时告诉家长，在学校要及时告诉老师。

知觉

知觉选择

训练目的：孩子能从背景中选择知觉对象

训练建议

1. 让孩子从多人合照的照片中指认爸爸或妈妈。

准备几张有爸爸或妈妈参与的多人合照照片，合照人数由少（5～6人）逐渐增多（10人以上）。问孩子："这里有爸爸或妈妈？"若孩子答"有"，追问："在哪里？"若孩子答"没有"，则温和鼓励："再仔细看看"。照片呈现建议：由人数少到人数多的照片依次呈现，每一次只呈现一张照片。

2. 选择一幅实物图画，让孩子指认其中某物。

知觉选择

训练目的：孩子能从背景中选择知觉对象

训练建议

选择一幅包含符号的图，让孩子指认其中某个符号。

此项训练内容仅为指认符号，并非要学习拼音或汉字，如果孩子还不会拼音或汉字，家长可以在图纸上写出“an”或者“安”，让孩子在图中找出这个符号即可。

知觉细化

训练目的：孩子能分辨知觉对象的差异

训练建议

1. 拿出两个苹果，和孩子一起讨论它们的差异。

例如：大小、性状、颜色等，既包括明显的差异，也要关注到细微差异。

2. 制作两张图画，让孩子来玩“找茬”游戏：找出两幅图中的几个不同之处，并具体描述出来。图画选择：至少有五个不同之处以上，可根据孩子的水平增加难度。

知觉细化

训练目的：孩子能分辨知觉对象的差异

训练建议

制作多张相似字母和汉字等的图卡，让孩子找出相似字母和汉字的不同之处。

例如：一字一卡，字母可制作“a”和“e”、“b”和

“d”、“p”和“q”、“m”和“n”，“h”和“n”等等，汉字可制作“大”与“太”、“千”与“干”、“乌”与“鸟”、“已”与“己”、“玉”与“王”等等，让孩子指认它们的不同之处。需注意：该训练内容仅为寻找差异，并非要学习字母或汉字，孩子不认识字母或汉字也可参与。训练过程中，家长应减少强制性的命令语气，注重游戏性和趣味性；比如，以一组相似字为一关，将其设计为“闯关游戏”，可以用类似“来挑战一下吧，看看我们能闯过第几关”的话语与孩子互动，激发、鼓励孩子参与。

知觉细化

训练目的：孩子能分辨知觉对象的差异

训练建议

制作多张相似的数组卡片，让孩子找出相似数组之间的不同之处。

例如：12 和 21、45 和 54、123 和 122、636 和 656、1279 和 1297、84652 和 84562 等，从 2 位数可逐渐增多至 5 位数以上。需注意：该训练内容仅为寻找差异，并非学习识数或数数，孩子不认识数字也可参与；孩子只需指认出数组间的不同之处即可；训练时从 2 位数开始，由易到难，注意游戏性与趣味性。

守恒

训练目的：孩子在数量守恒方面的发展

训练建议

准备糖果，教孩子比较多和少。

1. 分出两组一样多的糖果，并告诉孩子：“这里有两组一样多的糖果”，先由妈妈（或爸爸）整齐排列出一组（如下左图），再让孩子学妈妈（或爸爸）那样整齐排放出另一组（如下右图），排列完成后，让孩子感知并确认两组是“一样多”。

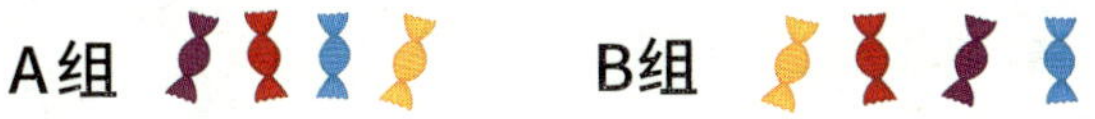

2. A、B 组各增加 1 个糖果，适当调宽 B 组糖果的间距，使其整体看上去比 A 组更宽（如下图），让孩子比较 A 组与 B 组的多少。

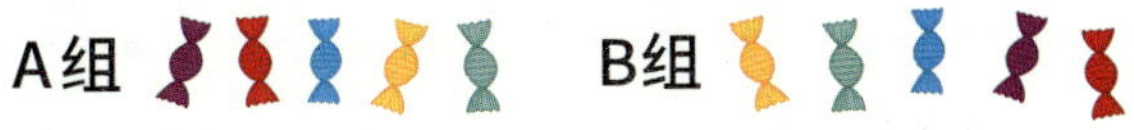

注意事项

可增加糖果数量，按照上述方式反复练习。

知觉细化

训练目的：孩子在长度守恒方面的发展

训练建议

1．分别准备两根相同长度的木棒、两根不同长度的木棒，让孩子比较长短。

将两根相同长度的木棒 A、B 并列横放，让孩子目测，问孩子：“两根木棒一样长吗？还是哪根更长？”

待孩子回答后，再让孩子把两根木棒平行放置，将其一端齐平，另一端也齐平，得出结论“A 棒与 B 棒一样长”。

2．将两根不同长度的木棒 C、D 并列横放（如下图），让孩子目测，问孩子：“两根木棒一样长吗？还是哪根更长？”

待孩子回答后，再让孩子把两根木棒平行放置，将其一端齐平，以不齐的另一端作比较，得出结论“D 棒比 C 棒长”或“与 C 棒相比，D 棒更长”。

守恒

训练目的：促进容量守恒能力

训练建议

准备两个相同的透明水杯，两个杯子矮且宽，分别倒入相同量的水，然后问孩子："两个杯子里的水是一样多吗？"让孩子感知两杯水是一样多；然后把其中一个杯子的水倒入一个高而窄的透明玻璃杯中，再问孩子："现在这两个杯子里的水一样多吗？为什么？"

当孩子不能回答一样多时，再将高杯中的水倒回原来的矮杯，让孩子再做比较。可重复多次让孩子观察。最后得出一样多的结论。

大小知觉

训练目的：孩子能分辨大小

训练建议

1. 准备鸡蛋、鸽子蛋、鹌鹑蛋各一枚，放在一起，让孩子目测其大小，再用手握一握，感受其大小，然后说出"哪个比哪个大”、“哪个比哪个小”；再让孩子按照从小到大（或从大到小）的顺序排列三个蛋，然后说出“哪个最大”、“哪个最小”。

2. 准备一组套娃（也可自制纸质圆柱体替代），先让孩子按大小顺序排列，然后让孩子将小的套娃依次装入大的套娃中，提示孩子看到大、小的包容关系。

日常生活中涉及大小的各种实物情景都可作为训练物品。

注意事项

注意器皿的安全性。

方位知觉

训练目的：孩子能分辨上下方位

训练建议

通过物品摆放与拿取，让孩子分辨上下。

选择两件孩子熟悉且常用的两件玩具（如下图），布娃娃放在桌面上，小皮球放桌面下。首先，引导孩子观察：“布娃娃在哪里？”“小皮球在哪里？”让孩子通过目测感知玩具的位置；引导孩子感知两件玩具的位置关系：“布娃娃在桌面上，小皮球在桌面下。”

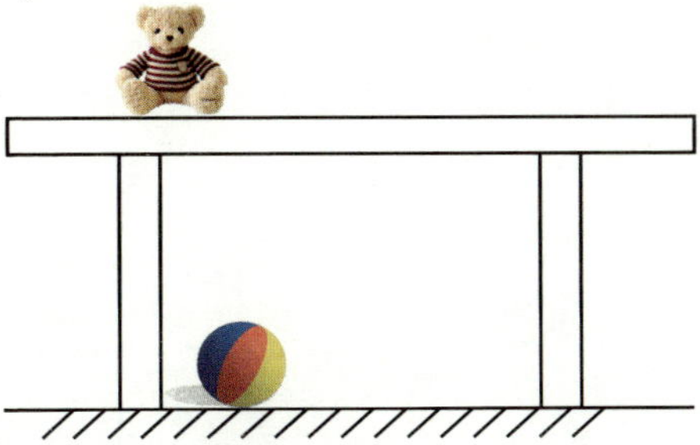

向孩子发出口令：“请把布娃娃放到桌面下。”“请把小皮球放到桌面上。”让孩子按照口令拿取，在行动中分辨上下方位。

注意事项

指令不能严厉可怕。

方位知觉

训练目的：孩子能分辨上下方位

训练建议

用三层置物架上孩子熟悉的物品，让孩子分辨上下。如下图，知道孩子认识书、皮球、布娃娃，可以先问孩子：“置物架上有什么？”孩子回答“有布娃娃”或“有皮球”等，再与孩子互动并在适当的时机追问：“布娃娃的上面是什么？”“皮球的上面是什么？”“皮球的下面是什么？”“书的下面是什么”等。

注意事项

指令不能严厉可怕。

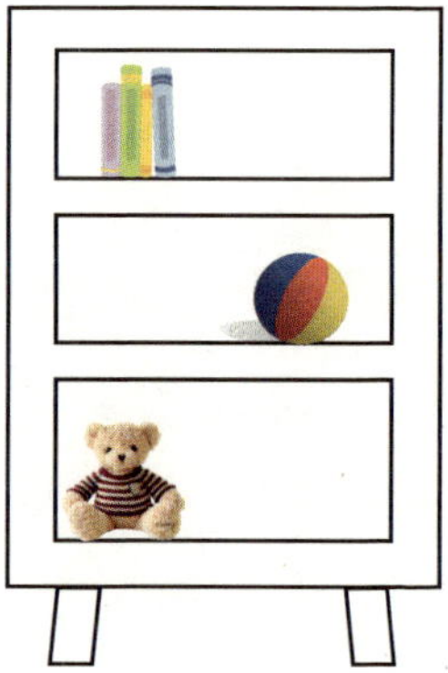

方位知觉

训练目的：孩子能分辨前后方位

训练建议

1. 胸为前、背为后，在生活中教孩子分辨前后。

整理衣物时，指导孩子辨认衣裤的前后面。

乘坐公交车时，教孩子认识座位的前后排。

2. 从幼儿园回家的路上，借助身边的建筑物教孩子分辨前后。例如：在行走过程中，对孩子说："看，我们的前面有一栋红色屋顶的房子"，并和孩子讨论这栋房子，待到走过这栋房子时，对孩子说："红色屋顶的房子已经在我们的后面了。"

方位知觉

训练目的：孩子能分辨左右方位

训练建议

1. 教孩子认识自己的左手、右手，左脚、右脚。多用“左手”“右手”“左脚”“右脚”的词汇与孩子交流，（而不用“这只手”“那只手”“这只脚”“那只脚”）。

2. 在饭桌上，可以利用就餐间隙，扩展孩子的左右概念。例如：与孩子互动：“谁坐在你的右手边？”“谁坐在你的左手边？”“你的左手边有哪些菜？”“你的右手边有哪些菜？”

方位知觉

训练目的：孩子能分辨左右方位

训练建议

通过口令游戏，强化孩子的左右概念。伴随着律动音乐，由妈妈（或爸爸）在前面示范，让孩子跟随口令做出相应的动作。例如："举右手""举左手""踢左腿""踢右腿"、"右手伸去拍左手""左手伸去拍右手""拍右腿""拍左腿"。

数的能力

空间图形

训练目的：孩子能认识圆形、三角形、四边形、多边形

训练建议

准备常见的几何图形卡片和手工纸，带孩子认识平面图形。一次认识一种图形，教孩子用手指在卡片上顺着图形线条轨迹移动，感受图形的线条特点。

教孩子在手工纸上画出图形，并用剪刀沿边剪下来，让孩子用手触摸图形，如：

圆形：引导孩子感受光滑无棱角。

三角形：带孩子一起数1、2、3，有3条边、3个角。

四边形：可以先认识正方形和长方形，带孩子一起数1、2、3、4，有4条边，4个角。

正方形：4条边一样长度，4个角一样大小。

长方形：对边一样长度，4个角一样大小。

多边形：带孩子一起数图形的边，五边形有5条边、5个角，六边形有6条边、6个角，八边形有8条边、8个角，以此类推。

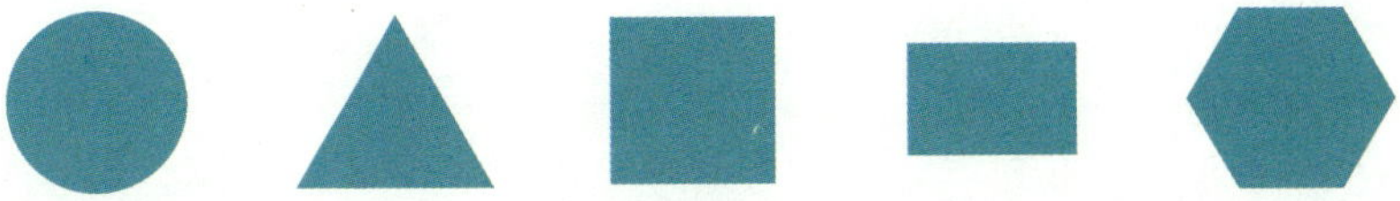

空间图形

训练目的：孩子能认识常见几何图形：圆形、三角形、四边形、多边形

训练建议

1. 教孩子正确说出几何图形的名称。例如：圆形可称为“圆”不能称“圆圈”，不能把“正方形”称为“方块”、把“三角形”称为“三角”等。

2. 借助日常生活中具有几何图形特征的物品，帮助孩子巩固和扩展对图形的认知。例如：注意到面巾、手帕、盛果蔬的圆盘、餐桌桌面、地砖、交通标志中的几何图形（停车标志是八边形、限速标志是圆形、十字路口的标志是三角形等等），在不同的生活情境中，和孩子讨论身边实物中的几何图形。

空间图形

训练目的：孩子能认识常见的立方体

训练建议

1．准备不同大小、材质的球，带孩子认识球体。

和孩子一起玩球（拍皮球或踢球等），让孩子通过触摸感知球的特征：表面光滑、无棱角，能滚动。向孩子展示出多种不同的球，例如：玻璃弹珠、乒乓球、小皮球、篮球等，和孩子一起讨论、比较这些球的不同点和相同点，认识球体的特征，帮助孩子建立“球体”的概念。

2．从积木中的圆柱体开始，认识生活中的圆柱体。

和孩子一起搭积木，找到积木中的圆柱体，在用圆柱体搭积木的过程中向孩子明确指出“圆柱体”这一名称。当孩子建立起“圆柱体”的概念，可以用游戏的方式，鼓励孩子在家里寻找属于圆柱体的物品。例如：妈妈（或爸爸）和孩子比赛，看谁在家里找到的圆柱体更多。

空间图形

训练目的：孩子能认识常见的立方体

训练建议

通过生活中的包装盒，让孩子认识长方体。

例如：给孩子购买一份包装盒属于长方体的零食，让孩子观察盒子表面的几何图形（6个长方形），向孩子揭示“长方体”的概念，告诉孩子这个盒子是一个长方体。

让孩子从顶面（或开启面）打开盒子，打开时保持盒面不被损坏。等待孩子吃完零食后，将包装盒小心翼翼地拆开、摊平，然后再粘合如初，观察一张平面的纸如何变成立体的长方体。

准备一张手工纸，参照这个包装盒的设计，与孩子共同制作一个长方体。

数的概念

训练目的：认识数字符号

训练建议

寻找生活环境中的数字，让孩子了解数字的用途。

例如：利用小区里的楼号、居住的门牌号、车牌号、电话号码等等，与孩子讨论数字的用途（根据数字可以找到居住地址、联络他人等等），帮助孩子对数字的识别和理解。

数的概念

训练目的：孩子会 1～10 数序

训练建议

1. 带孩子玩报数游戏：爸爸、妈妈和孩子三个人围坐，其中一人开始报数 1，然后按照顺时针或逆时针方向，旁边的人接着报数 2，第三个人报数 3，然后第一个报数的人再接着报数 4，依次循环往复，报数至 10 为止。如果中途有人出错，则从出错人开始，重新从 1 开始报数。可反复练习。

2. 带孩子玩口令游戏：准备 10 个玻璃弹珠，以"一"字型并排放置（如下图），先由妈妈（或爸爸）发出口令，然后孩子按照口令，取出相应位置的弹珠。

例如，口令为：取出从右往左第 6 个弹珠。其间，也可让孩子发出口令，妈妈（或爸爸）按照口令取珠，以增强互动和趣味。

数的概念

训练目的：促进孩子 1～10 的数概念

训练建议

设计趣味比较，学习 1～10 数字的相对大小。

例如：全家去果蔬大棚里摘草莓，爸爸摘了 9 颗草莓，妈妈摘了 7 颗草莓，宝宝摘了 4 颗草莓，谁摘的最多？可以借助草莓实物帮助孩子进行比较。

数的概念

训练目的：孩子能数数到 20 以上

训练建议

准备 20 颗（或更多一点）的蚕豆，教孩子计数。将所有蚕豆放在一个盘子里，每从中取出一颗，计数加 1。从 1 开始计数，一直到 20。如果孩子 20 以内计数教熟练，可以在第 20 颗以后继续计数（计数到 20 多即可）。

语言能力

语音识别

训练目的：意识到发音的异同和特点

训练建议

1. 说简单的绕口令，如“画凤凰”“ 四是四，十是十”等，和孩子一起玩绕口令游戏。孩子先跟着家长读绕口令，反复多次，学会后和家长比赛，看谁说得又快又准。

2. 和孩子一起玩听音辨字的游戏。家长有节奏地组字或词，如“黄”“花”或“黄花”，重复三次，让孩子分辨自己听到的字或词，并说出它们的意思。该游戏对孩子的反应有速度要求。

注意事项

家长要注意保护孩子的语言兴趣，说得不好不批评。

语音识别

训练目的：意识到发音异同和特点

训练建议

1. 准备好听、押韵的词句音频（如《声律启蒙》或《笠翁对韵》的朗读版），放给孩子听（也可作为背景音乐播放）。

2. 准备一些韵母相同且符合四声声调顺序的字组，如“妈、麻、马、骂”“鸭、牙、哑、呀”等，和孩子一起玩唱调游戏。

注意事项

家长要注意保护孩子的语言兴趣，说得不好不批评。

发音

训练目的：孩子能够正确发音

训练建议

1．日常生活中，注意听孩子的语言发音，听到有错误发音时，及时向孩子进行正确的发音示范。

2．结合孩子发音错误，准备一些发音容易混淆的字组，带孩子一起练习。比如：声母为“z、c、s”与“zh、ch、sh”的字组，声母为“f”与“h”的字组。

注意事项

孩子发音错误时，家长不急于纠正错误，只需重复正确的发音示范。

理解语言

训练目的：能听懂成人布置的任务

训练建议

1. 先用比较形象的、描述性的语句，向孩子布置任务，如“把玩具放到箱子里”；再用带有概括性的词语复述这一任务，如“把玩具收起来”；让孩子明白两句话是同意的意思。

2. 在日常生活中逐渐增加用概括性的词语（如把玩具“收起来”）向孩子提出要求或任务，当孩子不能听明白时， 替换为描述性的词语表述（如把玩具“放到箱子里”），然后再重复一遍之前抽象的语句。

口语表述

训练目的：孩子能说清楚一件事

训练建议

1. 和孩子一起看图书，让孩子独立讲述图画中的故事。给孩子朗读或讲述一个故事，讲完以后可以提问孩子，或者让孩子复述刚才听到的故事。

2. 在日常生活中，寻找孩子感兴趣的话题，鼓励孩子说出自己的感受和想法。当孩子在表达中出现语言混乱的情况，家长用有条理的语言示范给孩子听，并要求孩子回应自己的示范：“你是想表达这个意思对吗？”

词汇积累

训练目的：增加词汇量

训练建议

1. 家长用朗读或讲故事的方式，带孩子一起阅读。读物从图画书、绘本向文字书过渡，注意选择词汇丰富（如运用形容词比较多）的故事书。

2. 和孩子一起玩词语游戏，看谁说的形容词准确。

在家里、在户外各种环境里都可以随时进行。比如：孩子的小房间可以怎么形容呢？家里的厨房怎么形容最恰当呢？某样家具怎么形容呢？外出旅游，盛开的鲜花、众多的游人、美丽的山水或村庄等，这些怎么形容呢？图书城的情境怎么形容呢？

3. 引导孩子逐渐减少“太漂亮了”“太好看了”等“太……”字形容模式，能用更具体的词汇去描写或形容人物及场景。比如：“鲜花太好看了”可以具体为“盛开的鲜花五颜六色”，“天安门广场红旗飘扬”可以具体为“雄伟的天安门广场，红旗飘扬、人山人海”。

注意事项

要在生活中自然而然进行。大多数时候可以不要求孩子写出来，尤其在一年级和学前阶段，以口语为主。

符号意识

符号运算

训练目的：孩子会 10 以内的加法运算

训练建议

1. 家长根据孩子对 1～10 的基本概念掌握情况，先利用实物或图片教孩子学会视算（眼看实物的计算），再过渡到口算（不看实物的说算），逐渐学会心算（不看实物，也不算出声来）。

2. 加 1 的计算（1+1，2+1，3+1，…）。例如：草坪上有 1 只蜗牛，又爬来 1 只，共有几只？草坪上有两只蜗牛，又爬来一只，共有几只？

加 2 的计算（1+2，2+2，3+2…），加 3 的计算（1+3，

2+3，3+3，…），依次类推。

注意事项

训练过程强调会听，会说，从视算过渡到口算，再到心算，速度要求要适当。

符号运算

训练目的：孩子会10以内的减法运算

训练建议

1. 家长根据孩子对1～10的基本概念掌握情况，先利用实物或图片教孩子学会视算（眼看实物的计算），再过渡到口算（不看实物的说算），逐渐学会心算（不看实物，也不算出声来）。

2. 减1的计算（2−1，3−1，4−1，…）。例如：草坪上有2只蜗牛，爬走1只，还有几只？

减2的计算（3−2，4−2，5−2，…），减3的计算（4−3，5−3，6−3，…），依次类推。

注意事项

训练过程强调会听，会说，从视算过渡到口算，再到心算，速度要求要适当。

社会适应性

社会适应性

情绪管理

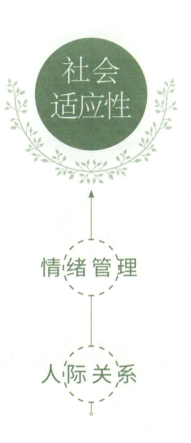

人际关系

情绪管理

情绪感知

训练目的：孩子能感知自己的情绪

训练建议

1．请孩子以“我生气了”为题，画一幅画，并请孩子把画的内容讲出来。

语言引导：“你有没有生过气？”

“把让你最生气的事情画出来，讲给我听好吗？”

2．根据画的内容进行对话。

语言引导："你画的是什么？"

"是不是有一些生气？"

"生气了会变成什么样子？"

注意事项

尊重、接纳孩子的回答，无须对画进行指导和修改。帮助孩子说出他的感觉，如害怕、生气、委屈……有的孩子或许不擅长图画表达，不能勉强，重点在对话。

情绪表达

训练目的：孩子能识别情绪，并能恰当表达

训练建议

1. 家长与孩子其中一方变换表情，另一方猜猜表情。

利用自制表情或脸谱请孩子说出情绪面具。

2. 让孩子在纸上用简单的点、线、圆画出各种情绪，如：喜欢、开心、紧张、害怕、生气、伤心……帮助孩子自然地说出自己的喜恶。

语言引导："你最好的朋友是谁？""你最喜欢的食物是什么？""你最不喜欢什么食物？""你最喜欢什么颜色？""你最不喜欢什么颜色？""你最喜欢什么动物？""你最不喜欢什么动物？""你最喜欢哪一部动画片？那部动画片里你最喜欢谁？最不喜欢谁？""你最怕什么？"

注意事项

可以与孩子一起用不同的彩笔表示不同的情绪。可以用图画把孩子的回答记录下来。尊重孩子的情感，重点在于理解孩子的情绪。

情绪控制

训练目的：孩子能进行初步的情绪调节

训练建议

1．“情绪表达”：让孩子说出自己的情绪和想法，比如：很生气时，说出自己的很生气、气愤，为什么这样生气、为什么气愤。

2．让孩子说出自己的情绪状态之后，给孩子时间逐渐平复，不要求孩子立即高兴起来。

3．如果孩子平复困难，可以用转移的方式，如：“听一段音乐”“喝一杯水”“吃一块小饼干”“跟随一起深呼吸”等。

注意事项

接纳和包容孩子的负面情绪，但需理性地对行为划定界限。

情绪控制

训练目的：孩子能根据不同的场合控制情绪

训练建议

1. 合理宣泄：在不打扰别人的前提下引导孩子合理宣泄情绪，如仰卧起坐、球类运动、跑步、跳绳等运动。

2. 教孩子在公共场合控制情绪：不大哭大闹、撒泼打滚、大声吼叫。

3. 家长平日在公共场合要有良好、适中的情绪表达示范。

注意事项

与孩子沟通，在于交换对彼此的想法，而不是要达成统一意见。

人际关系

建立关系

训练目的：学习社交礼仪

训练建议

1. 与孩子练习使用文明礼貌用语。“请”“谢谢”“对不起”“没关系”等。

2. 与孩子练习如何与人问好、道别。见到熟悉的人教孩子主动问好，离开时教孩子主动道别。

注意事项

家长应注意自己的言行举止，给孩子做好榜样。

建立关系

训练目的：学习社交礼仪

训练建议

1.如果听见他人(如家人、亲友、老师、同伴等)呼唤孩子，提醒孩子礼貌应答。

其他基本礼仪请酌情训练，如：轻声开关门，适度有节奏地敲门。

2.拿出孩子与他人的合照，如：班级集体照、同伴游玩照、聚会合照，请孩子描述其他人的外形和服饰，并指认照片上其他人的姓名。如果孩子记不清，家长可适当予以提示。

注意事项

家长注意自己的人际交往礼仪，给孩子做好榜样。

建立关系

训练目的：学习社交礼仪，识别不同的他人

训练建议

给孩子讲述一则故事或者共读一段文字或一本绘本，然后就其中内容对孩子进行提问，进而引导孩子留心别人说话的内容。

注意事项

家长注意自己的言行举止，给孩子做好榜样。

主动与人交往

训练目的：体验交往的愉快

训练建议

1. 给孩子创造与人交往的机会，如：经常陪伴孩子一起阅读、游戏或参加其他活动，拜访周围的邻居，走亲戚，到朋友家做客，或邀请他人到家中玩耍。

2. 鼓励孩子主动加入同伴游戏，拿出玩具邀请朋友一起分享。鼓励孩子认识新朋友，选择好朋友。鼓励孩子遇到问题时向别人请教，并愿意与大家分享高兴或有趣的事情。

与同伴相处

训练目的：了解同伴共处的交往规则

训练建议

1. 利用图书、视频或经历，与孩子讨论哪些行为受大家欢迎，如果想要得到他人的接纳应该怎么做。肯定孩子与人分享图书、玩具及其他物品的行为。

2. 孩子与同伴发生矛盾或冲突时，教他用协商、交换、轮流、合作等方式解决矛盾或冲突。如：身边出现其他小朋友被抢夺玩具或争斗等不友好行为时，教孩子思考“如果你是那个小朋友，你会有什么感受？”

注意事项

关注孩子的感受，避免拿孩子的不足与其他孩子的优点作比较。

与同伴相处

训练目的：了解同伴优点

训练建议

和孩子谈谈他的好朋友，让他讲讲为什么喜欢这个好朋友，引导他发现同伴的优点。

与同伴相处

训练目的：正确拒绝不合理要求

训练建议

1.教孩子在遇到别人不合理的要求时，有礼貌地拒绝，或者合理反抗。

2.教孩子遇到同伴威胁或安全有问题时，求助老师或其他成人。

注意事项

儿童安全，保护第一。监护人为第一责任人，不能把责任推给孩子。

与他人相处

训练目的：尊敬老师，能够向老师表达需求

训练建议

1.教孩子尊敬老师，见面行礼、问好，接受老师的教导。

2.教孩子能够与老师说话，需要老师帮助时，用适当的音量告诉老师自己的需求。如果老师正在与他人交谈或者帮助他人，请孩子安静等待。如果有急事需要打断老师，教孩子使用礼貌用语，说话时眼睛要看着老师，不能远距离大声叫喊。

与他人相处

训练目的：掌握正确的行为礼仪

训练建议

1. 教孩子需要他人帮助时说“请”，感谢他人的好意或帮助时说“谢谢”，打扰他人或者触犯了他人时，教孩子道歉说“对不起”。

2. 教孩子诚实守信，不说谎话，知错就改，不随意拿别人的东西，借东西及时归还，答应别人的事努力做到，做不到时表示歉意。

3. 教孩子咳嗽、打喷嚏、打哈欠时把脸转向旁边，用手帕、纸巾或手挡住口鼻。

注意事项

有家长陪伴的情况下，多给孩子提供机会与他人相处。如果孩子有处理不当的地方，温和地提醒。

维护所有物

训练目的：知道维护自己的权益

训练建议

1. 与孩子讨论所有物（图书、玩具、文具等物品）被他人毁坏后的感受，并讨论其他孩子抢夺自己所有物的感受。

2. 让孩子指认自己的物品，拿取别人的东西要经过别人的同意，不占据别人的空间。

注意事项

同样，家人要尊重孩子的所有物和空间。

学会关心

训练目的：孩子学会注意到家人的需求，表示关心

训练建议

1. 教孩子时常问候家人，关心家人，并做一些力所能及的家务，或提供力所能及的帮助。如果家人生病，尽量保持安静，不去打扰。

2. 教孩子尊敬老人，日常生活中能够礼让老人；尊重残疾人，能够有礼貌地对待残疾人。

注意事项

提要求须符合 5～6 岁儿童的心理特点及能力。

学会关心

训练目的：孩子学会注意到别人的情绪、需求

训练建议

1. 利用身边的现实情景，提醒孩子注意别人的情绪，了解他们的需要，给予力所能及的关心和帮助。

2. 家长以身作则，良好示范家庭成员之间的相互关心。

注意事项

提要求须符合 5～6 岁儿童的心理特点及能力。